ANALYSIS REPORT OF THE MARKET FOR CONTEMPORARY
PRECIOUS METAL COINS IN CHINA（2013）

中国现代
贵金属币市场分析报告
（2013）

赵燕生○编著

西南财经大学出版社

图书在版编目(CIP)数据

中国现代贵金属币市场分析报告(2013)/赵燕生编著.
—成都:西南财经大学出版社,2014.4
ISBN 978 - 7 - 5504 - 1388 - 7

Ⅰ.①中… Ⅱ.①赵… Ⅲ.①金属货币—市场分析—研究报
告—中国—2013 Ⅳ.①F822.2

中国版本图书馆 CIP 数据核字(2014)第 075010 号

中国现代贵金属币市场分析报告(2013)
ZHONGGUO XIANDAI GUIJINSHUBI SHICHANG FENXI BAOGAO

赵燕生 编著

责任编辑:王 利
封面设计:墨创文化
责任印制:封俊川

出版发行	西南财经大学出版社(四川省成都市光华村街55号)
网　　址	http://www.bookcj.com
电子邮件	bookcj@foxmail.com
邮政编码	610074
电　　话	028 - 87353785　87352368
印　　刷	四川森林印务有限责任公司
成品尺寸	210mm×285mm
印　　张	7.75
字　　数	140 千字
版　　次	2014 年 4 月第 1 版
印　　次	2014 年 4 月第 1 次印刷
印　　数	1— 4000 册
书　　号	ISBN 978 - 7 - 5504 - 1388 - 7
定　　价	60.00 元

前　言

　　我国的现代贵金属币是一种以货币形式出现、以贵金属为载体、用于收藏或投资的商品，不具备货币流通职能。这种商品与其他商品的根本区别是由政府面对公众垄断发行，在经济上属政府行政资源类产品。从这一基本定义出发，我国的现代贵金属币实质上是一种具有贵金属商品属性和形式货币属性的艺术收藏品。

　　作为一种艺术收藏品，具有市场价值是我国现代贵金属币存在和发展的基础。这种市场价值由贵金属价值和货币溢价因素提供的价值共同组成，它们不但具有自身的商品属性，同时也遵循市场经济的一般规律。探寻我国现代贵金属币的市场价值，就是透析这两大价值要素的本质和变化规律。

　　贵金属价值是我国现代贵金属币市场价值的重要源泉之一。"货币天然不是金银，金银天然是货币"，虽然金本位和银本位的货币体制已经退出历史舞台，但它们作为一种硬通货，仍然在当今的国际金融领域发挥着重要作用。黄金、白银作为商品，一般民众对它们不但具有永久的文化心理崇拜，同时也可以成为他们对冲通货膨胀和货币贬值风险的重要金融资产。我国的现代贵金属币以贵金属为载体，它们在具备黄金和白银商品属性的同时，其价值与国际贵金属价格的变动密切相关。当货币溢价因素提供的价值较低时，贵金属价格的变化对贵金属币市场价值的影响较大；当货币溢价因素提供的价值较高时，贵金属价格的变化对贵金属币市场价值的影响相对较小。但从宏观角度观察，贵金属价格的变化对贵金属币市场价值具有系统性影响。特别是在贵金属价格呈现较大周期性波动时，这种影响显得尤为突出。它们不但对贵金属币的贵金属价格产生直接影响，同时也会对货币溢价因素提供的价值产生间接影响。在研究考察我国现代贵金属币的市场价值时，要充分考虑贵金属价格的变化规律。

　　除贵金属价格之外，货币溢价因素提供的价值也是我国现代贵金属币市场价值另一更加重要的源泉。与其他艺术收藏品相比，由于我国的现代贵金属币是一种使用国家行政资源采用垄断方式面对公众发售的形式货币，因此它具有独特的货币溢价因素。这些货币溢价因素主要包括"项目题材"、"设计雕刻"、"币种"、"规格"、"材质"、"发行量"、"技术特征"、"品相"、"版别"、"号码"等多种变量。这些货币溢价因素与其他艺术收藏品相比，既有规律相近的共同点，也有规律不同的差异点，是研究我国现代贵金属币市场价值变化规律的主要根据和目标。

从经济学角度观察，货币溢价因素提供的市场价值由社会生活和资本创造，属虚拟价值。这种价值取决于社会、文化、心理的认同与感受。当这种溢价因素得到社会生活和资本的普遍认同时，它们的市场价值会不断提高，反之就会不断降低。

从宏观角度观察，我国现代贵金属币的货币溢价因素（虚拟价值）可以综合概括为文化价值和投资价值。

所谓文化价值，主要是指我国的现代贵金属币应该具备"项目主题的文化背景及历史价值"、"图案设计要素的人文及学术价值"、"币种设计雕刻的艺术及美学价值"、"设计人员的艺术风格及创作价值"以及"币种铸造加工的技术及工艺价值"。上述五大要素是衡量我国现代贵金属币文化价值的重要切入点。判断文化价值高低的标准，要看是否符合和适应我国文化发展的一般水平、能否得到独立评审机构和广大民众的认同，同时还要接受历史的检验。

所谓投资价值，主要是指随着发行时间的流逝，我国现代贵金属币的市场价值应呈现出一种不断上升的趋势。这种趋势应具备保值增值特征，同时与其他艺术收藏品相比具有比较优势。实际上，我国现代贵金属币的收藏，既是民众在解决了基本温饱基础上进行的一种高层次的精神文化活动，同时也是一种以投资增值为目的的经济活动。在社会政治经济稳定的条件下，正是以投资增值为目的的钱币收藏带动了这一事业的发展和普及。如果用于收藏的贵金属币在市场中呈现不出保值增值趋势和投资价值的比较优势，就等于丧失了自身的社会经济基础和发展空间。

虽然我国现代贵金属币的货币溢价因素由文化价值和投资价值组成，但这种市场价值并不是必然的和自发产生的。首先我国发行的现代贵金属币应具有文化价值和投资价值，这是事物的本源和根基。在此基础上，随着国家经济不断发展、人民物质文化生活水平不断提高和收藏投资群体不断扩大，在供需关系作用下，要带动以往发行币种的市场价值不断上升，这是提升市场价值的社会经济基础。市场价值要依靠市场交换实现，没有交换就无法实现价值，因此我国现代贵金属币的价值发现需要相对成熟完善的经营环节、流通环节以及市场服务体系和机制，这是实现市场价值的必备条件。市场机制对于实现市场价值不可缺少，同时由于资本的渗透和利益的驱使，有时也会使市场价格与价值产生双向背离和偏差，特别是有时的市场价格并不能真实、准确和全面地反映文化价值和收藏价值。对于贵金属币这种艺术收藏品来说，只有收藏投资群体不断扩大和经过时间历练才能形成和彰显价值，人为操控市场或投机炒作只能使市场价格产生较大波动。

在外部环境和内部因素双重作用下，2013年我国现代贵金属币市场继续出现较大幅度调整。在这次连续两年多的熊市下跌过程中，市值蒸发较大，收藏投资的吸引力下降，投机资金外撤，市场泡沫得到挤压，不同币种的价值优劣凸显。对我国现代贵金属币来说，经过这次大浪淘沙般的清洗之后，如何正确分析认识市场价值、发现挖掘市场价值、巩固完善市场价值体系，如何通过不断提高保值增值性能和市场价值的比较优势，促进我国现代贵金属币市场长期健康稳定发展，已成为全体市场参与者共同面对的课题。

《中国现代贵金属币市场分析报告（2013）》是继2012年出版《中国现代贵金属币市场分析报告（2012）》之后的连续性分析报告。这本书继续沿用原有的理论框架、指标体系和运算系统，利用定量分析工具，从理论和实践角度试探性研究影响我国现代贵金属币市场价值的主要因素，为市场的健康有序发展服务。

赵燕生

2014 年 2 月于北京

目　录

第一章　2013 年中国现代贵金属币市场总体运行状况分析

2013 年国际贵金属市场出现较大动荡。

2013 年伦敦黄金在 1 693.75～1 192.00 美元/盎司区间波动，全年平均金价报 1 411.23 美元/盎司。其中特别是 4 月 12 日，国际金价大跌 5.03%，4 月 13 日继续暴跌 9.09%，创下 30 年以来最大单日跌幅，成为有史以来最大的黄金"黑天鹅"事件。6 月 20 日，伦敦金、纽约金同步大幅下挫，伦敦金报 1 286.60 美元/盎司，跌幅达 4.64%；纽约金报 1 287.00 美元/盎司，跌幅达 6.33%。截至 2013 年年底，金价全年累计下跌 28%，创下 1981 年以来最大跌幅，至此终结了长达 12 年的黄金牛市。

2013 年伦敦白银在 32.230～18.610 美元/盎司区间波动，全年平均银价报 23.793 美元/盎司，与 2012 年平均银价相比下降 23.62%。

在 2013 年，国际铂金价格在 1 736.00～1 317.00 美元/盎司区间波动，全年平均铂金价格报 1 486.91 美元/盎司，与 2012 年平均铂金价格相比下降 4.17%。国际钯金价格在 774.00～643.00 美元/盎司区间波动，全年平均钯金价格报 725.13 美元/盎司，与 2012 年平均钯金价格相比上涨 12.68%。

1979—2013 年，国际、国内黄金与白银价格走势见附图 1～附图 4。

第一节　市场运行总体状况

截至 2013 年年底，我国贵金属币总体运行状况见表 1。

表 1　　　　　　　　　　　　2013 年大盘市场状况一览表

数据分类		总数	投资币	纪念币
项目数（个）		373	32	372
币种数（个）		1 952	195	1 757
数量 （万枚）	公告量	9 781.61	5 719.61	4 062.00
	实铸量	6 901.09	3 263.05	3 638.04
重量 （万盎司）	公告量	8 584.67	3 989.95	4 594.72
	实铸量	6 369.33	2 192.22	4 177.10

表1(续)

数据分类		总数	投资币	纪念币
实铸量价格指标（亿元）	不变成本总值	420.71	251.07	169.63
	零售价总值	623.00	284.02	338.98
	变动成本总值	637.04	392.43	244.61
	市场价总值	1 184.41	512.86	671.55
交易活跃度指标（枚/套）	成交顺畅	542	195	347
	成交不畅	630	0	630
	成交困难	334	0	334
评价投资价值绝对指标	S/BB	2.815	2.043	3.959
	S/L	1.901	1.806	1.981
	L/BB	1.481	1.131	1.998
	S/BD	1.859	1.307	2.745
评价投资价值相对指标	CBZ	2.038	1.773	2.116
	LBZ	1.370	1.084	1.409
	HBZ	0.965	0.789	1.009
	BH	9.514	5.749	10.257

如表1所示，到2013年年底我国贵金属币共计发行：

●373个项目、1 952个币种（注：在"中国现代贵金属币信息分析系统©"中，将熊猫加字币作为单独纪念币项目统计）。

●铸造总数量6 901.09万枚（公告量9 781.61万枚），其中投资币占47.28%，纪念币占53.72%。

●铸造总重量6 369.33万盎司（公告量8 584.67万盎司），其中投资币占34.42%，纪念币占65.58%。

●到2013年年底，市场总市值共计1 184.41亿元。2011—2013年市场总市值的变化见图1。扣除相应发行增量后，2011年与2013年贵金属币大盘总市值的对比变化见图2。

图1 2011—2013年贵金属币大盘总市值变化图

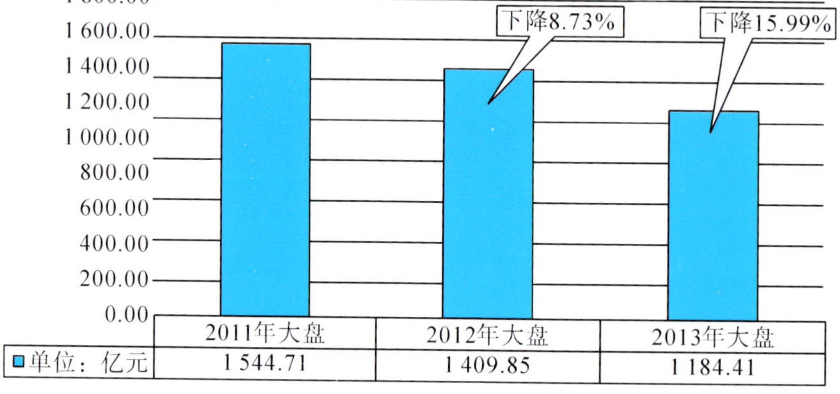

下降8.73%　　下降15.99%

单位：亿元	2011年大盘	2012年大盘	2013年大盘
	1 544.71	1 409.85	1 184.41

图2　2013年对比2011年（相应存量部分）市场总市值变化图

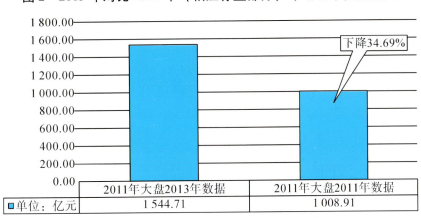

	2011年大盘2013年数据	2011年大盘2011年数据
单位：亿元	1 544.71	1 008.91

如图1所示，在包括2012年和2013年发行增量的情况下，市场价总值不断下挫。在2012年下跌8.73%的基础上，2013年又继续下跌15.99%。

如图2所示，从2011年市场开始调整计算，在扣除相应发行增量基础上，市场价总值从1 544.71亿元下降到2013年的1 008.91亿元，市值蒸发535.80亿元，下跌幅度高达34.69%。

●关于评价市场交易活跃度指标：2013年"成交顺畅"的币种542枚（套），"成交不畅"的币种630枚（套），"成交困难"的币种334枚（套）。与2012年相比，市场交易活跃度的变化见图3。

图3　市场交易活跃度对比变化图

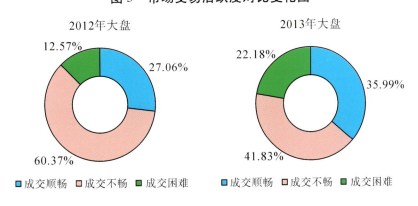

如图3所示，由于市场发生变化，市场交易活跃度也发生了相应变化。数据显示，在两个年度中，虽然"成交不畅"的币种仍占据最大份额，但2013年与2012年相比，"成交顺畅"和"成交困难"币种的占比都有一定幅度提高。

第二节　收藏投资价值分析

在2013年，由于市场继续出现较大幅度调整，造成我国贵金属币的收藏投资价值发生较大变化。

● 贵金属币的市场价格由贵金属价格和货币溢价因素共同构成。"贵金属价格影响权重"简称"GQZ 值"，"货币溢价因素影响权重"简称"HQZ 值"。有关价格变化因素权重计算的说明详见附录 1。在 2013 年的市场调整中，以上两大因素对贵金属币市场价格的影响是不同的。2013 年贵金属币市场价格变化及价格变化因素权重的计算分析汇总见附表 1。

● 如附表 1 所示，在扣除发行增量后的 2013 年市场价总值中，贵金属价格为 580.06 亿元，与 2012 年相比减少 27.93%；货币溢价因素为 521.11 亿元，与 2012 年相比下降 13.87%。贵金属价格下跌幅度大于货币溢价因素的下跌幅度。

● 如表 1 所示：2013 年贵金属币大盘的贵金属变动成本与市场价之间的比值（S/BD 值）为 1.859，2012 年大盘的 S/BD 值为 1.752。仅从数字上看，2013 年货币溢价因素比 2012 年上涨 6.11%，但由于"S/BD 值"是两个数据之间的相对指标，实际上它反映的是在贵金属价格和货币溢价因素同步下跌过程中，前者的影响大于后者。

● 这次国际贵金属价格下跌对我国贵金属币市场价总值造成影响的具体分析见图 4。

图 4　2013 年市值变化主要影响因素分析图

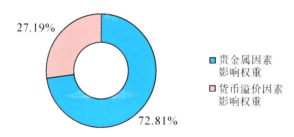

如图 4 所示，扣除发行增量后，2013 年与 2012 年相比，市场价总值下跌 308.68 亿元，其中贵金属价格减少 227.45 亿元，贵金属价格影响权重为 72.81%；货币溢价因素减少 83.93 亿元，货币溢价因素影响权重为 27.19%。从总体上观察，国际贵金属价格的趋势性波动，已对我国贵金属币的市场价值和收藏投资价值产生重大系统性影响。

● 在 2013 年大盘中，货币溢价因素总额为 547.37 亿元，占市场价总值的 46.21%。扣除相应发行增量后，2011—2013 年，货币溢价因素变化情况见图 5。

图5 2011—2013年"货币溢价因素"总值变化图

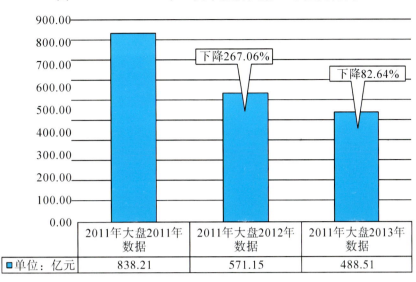

下降267.06%	下降82.64%

	2011年大盘2011年数据	2011年大盘2012年数据	2011年大盘2013年数据
单位：亿元	838.21	571.15	488.51

如图5所示，在供需关系作用下，由于总需求不足，造成货币溢价因素连续下降，在牛市时形成的一些价格泡沫正在得到挤压，真实的市场价值正在接受市场检验。

●判断我国贵金属币收藏投资价值更重要的经济指标是与主要宏观经济数据对比，看它们是否跑赢了同期的CPI、存款利率和货币贬值速度，这也是衡量贵金属币收藏投资价值比较优势的重要依据。见图6。

图6 2013年大盘主要宏观经济指标比较值示意图

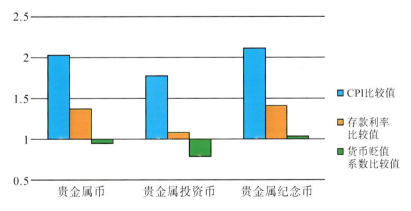

CPI比较值

存款利率比较值

货币贬值系数比较值

贵金属币　　贵金属投资币　　贵金属纪念币

如图6所示，2013年大盘和其中的投资币、纪念币，它们的CPI比较值（CBZ值）、存款利率比较值（LBZ值），均大于1，这说明2013年大盘的主要宏观经济指标比较值仍跑赢了同期的CPI和存款利率。但在图6中也可以看到，与货币贬值系数（HBZ值）相比，大盘和其中的投资币已经处于小于1的状态，只有纪念币以极其微弱的数值处于大于1的水平。由此说明，经过2013年的市场调整，我国贵金属币收藏投资价值的整体水平已经开始逐渐失去一些优势，如果2014年整个市场继续下挫，将进一步影响收藏投资价值的比较优势。对此应该引起相关人士极大关注。

●关于我国贵金属币收藏投资价值的综合指标（BH值），经过2013年的市场调整，也出现了相应变化。

图 7　2013 年大盘 BH 值变化情况对比图

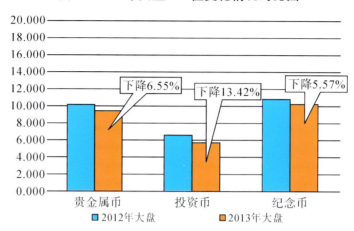

　　如图 7 所示，2013 年与 2012 年相比，贵金属币大盘和其中的投资币、纪念币的"BH 值"均出现不同程度下滑，其中下降幅度最大的是投资币。

　　我国贵金属投资币按年度统计的发行数量、重量、2013 年市场价总值分布图见附图 5～附图 7。我国贵金属纪念币按年度统计的发行数量、重量、零售价总值、2013 年市场价总值分布图见附图 8～附图 11。评价投资价值的 CPI、存款利率和货币贬值系数累计值走势图见附图 12～附图 14。我国贵金属币发行币种分类统计表见附表 2，发行重量规格统计表见附表 3。

第三节　要点提示

　　● 在外部环境和内部因素双重作用下，2013 年我国贵金属币市场继续出现较大规模调整。扣除 2013 年发行增量后，2013 年市场价总值由 2012 年的 1 409.85 亿元下降为 1 101.17 亿元，同比下降 21.89%。如果从 2011 年的高点回落开始计算，在扣除相应增量后，市场价总值蒸发 535.80 亿元，同比下降幅度高达 34.69%。

　　从 2008 年起至 2011 年 8 月，我国贵金属币市场走出了一次波澜壮阔的牛市行情。分析这一次牛市行情的起因，主要在于货币流动性过剩、黄金价格暴涨和有重大题材配合。随着这些因素的消退和弱化，我国贵金属币市场在 2011 年 8 月达到顶点后，开始出现连续两年多的调整。在第一年的调整中，扣除相应发行增量后，市场价总值下降 251.67 亿元，下降幅度 16.29%。实际上到 2013 年 3 月，整个大盘已经开始出现止跌企稳迹象，但随着 4 月份以后黄金价格暴跌和集团礼品消费大幅下降，又开始了新的一轮大幅下挫，而且这种下跌态势一直延续至 2013 年年底，到本报告截稿之时仍没有明显的止跌企稳迹象。

　　实际上，我国贵金属币市场这次出现的大幅度调整完全是一种正常的市场现象，是对上一次牛市行情的修正，同时也是一次检验真实价值的过程。通过这次大幅调整，充分说明我国贵金属币的市场基础还比较薄弱，投机成分较大，同时也充分暴露出在整个发行管理体制、销售体系、消费结构和市场建设等方面存在深层次矛盾和问题。如何正确认识这次大幅度市场调整，通过这次大幅市场调整可以总结出哪些经验教训，如何利用这次市场调整逐步改善市场生态环境，都值得认真思考。

●贵金属价格是我国贵金属币市场价值的重要组成部分。长期以来，在贵金属价格是否影响贵金属币市场价格的问题上，一直存在不同的认识和看法。我们可以在附表1中看到，贵金属价格对贵金属币市场价格反映的灵敏度，虽然对不同币种、不同板块存在一定差异，但当贵金属价格出现较大趋势性波动时，这种影响却是系统性的。在2013年的市场调整中，贵金属币大盘受贵金属价格影响的权重占到72.81%。理论和数据已经充分证明，从整体和宏观角度观察，贵金属价格的趋势性重大变化，对贵金属币的市场价格将产生全局性影响。实际上，当贵金属价格不断上涨时，人们可能更加看重贵金属币中的贵金属属性，提高购买意愿，造成需求总量上升，带动货币溢价因素提高。反之，贵金属价格的大幅下挫，也会降低人们购买贵金属币的欲望，引起需求总量下降，影响到货币溢价因素下降。由此可以看到，贵金属价格变化，一方面会对贵金属币中贵金属价格产生直接影响，另一方面也会间接渗透和影响货币溢价因素，最终影响贵金属币的整体市场价格。判断将来我国贵金属币市场价格的总体走势，贵金属价格涨跌的趋势性方向也是重要指标。

●除贵金属价格之外，货币溢价因素是我国贵金属币市场价值另一更加重要的源泉，同时也是区别于其他贵金属商品的根本特质。这些货币溢价因素主要包括"项目题材"、"设计雕刻"、"币种"、"规格"、"材质"、"发行量"、"技术特征"、"品相"、"版别"、"号码"等多种变量。2013年，我国贵金属币货币溢价因素为547.37亿元，占市场价总值的46.21%。经过这次市场调整，在扣除相应发行增量后，虽然货币溢价因素下降了13.87%，但它仍然是贵金属币总体价值的重要支点。我国贵金属币的货币溢价因素来源于自身的形式货币属性，但这种溢价因素并不是必然的和自发产生的，它取决于发行管理体制、销售体系、市场架构和消费结构。面对当前弱势市场，如何继续巩固夯实和不断发展提升这种货币溢价因素，将是全体市场参与者必须共同面对的重大课题。

●实现贵金属币市场价值的根本途径是市场交换。"市场交易活跃度"是评价市场交易效率的重要指标之一，它不但反映市场交易的活跃程度，同时也反映交易信息的对称程度。2013年的市场交易活跃度指标与2012年相比，出现了一些值得关注的变化。分析数据显示，在两个年度中，虽然"成交不畅"的币种仍占据最大份额，但2013年与2012年相比，"成交顺畅"和"成交困难"币种的占比都有一定幅度提高。通过这些数据变化，结合市场实际情况，应该可以得出这种结论：由于市场价格下跌，在抄底心理作用下，对于很多超跌的绝对价格相对较低的币种来说，交易活跃度开始上升；但与此同时，对于绝对价值较高的币种来说，尽管价格大幅下挫，但仍然缺乏购买力，同时惜售和持币观望情绪浓厚，形成了"成交困难"币种上升的局面。

这里需要指出的是，虽然在 2013 年大盘中，"成交顺畅"币种的数量有所提高，但"成交不畅"和"成交困难"币种的总数仍占总体的 64.01%，由此说明价值转换效率依然是实现贵金属币市场价值的瓶颈。如何逐步提高交易效率，将是全面提升我国贵金属币市场价值的长期而艰巨的任务之一。

●具有收藏投资价值的比较优势，是贵金属币市场发展的社会经济基础。从最基本要求出发，贵金属币的收藏投资收益应跑赢同期的 CPI、存款利率和货币贬值速度。分析数据显示，在 2013 年大盘中，虽然 CPI 比较值（CBZ 值）和存款利率比较值（LBZ 值）均大于 1，但与货币贬值系数（HBZ 值）相比，大盘和其中的投资币已经处于小于 1 的状态，只有纪念币以极其微弱的优势位于大于 1 的水平。

宏观经济数据比较值的计算是以某一币种零售指导价与市场价之间的比值为计算基础，通过与同期宏观经济指标累计值对比得出的结果。对 2013 年来说，大盘宏观经济指标比较值的平均值取自 1 952 个币种的中位数。通过这组指标的产生过程可以知道，在 2013 年大盘的 1 952 个币种中，至少已有一半以上的币种没有全部跑赢三项宏观经济指标。另外，在实际的市场环境中，很多收藏投资者是以高于零售指导价购得产品的，它们实际的收藏投资回报要低于大盘的平均指标。由此说明，经过 2013 年的市场调整，我国贵金属币收藏投资价值的整体水平已经处于比较脆弱的状态。如果 2014 年整个市场继续下挫，将会不可避免地对贵金属币收藏投资价值的整体优势造成进一步伤害，减弱收藏投资的吸引力，分流关注资金。采取必要的和可能的措施阻止大盘继续下挫，已经成为当前最紧迫的任务。

第二章　2013年中国现代贵金属币大盘发行增量市场运行状况分析

　　"2013年贵金属币大盘发行增量"也叫"2013年板块"。对"2013年板块"进行分析时，首先将对这个板块的总体运行状况进行分析，然后再对其中的投资币和纪念币分别进行分析。分析的主要方法是与"2012年板块"（即2012年发行项目）进行对比。

　　2013年板块与2012年板块统计数据的对比分析见附表4。2013年国际官方铸币统计分析数据见附表5。2013年国内黄金消费状况统计分析数据见附表6。

第一节　市场总体运行状况

　　2013年板块市场运行的总体状况见表2。

表2 2013年板块市场状况一览表

		2013年发行增量合计	投资币合计	纪念币合计
项目数（个）		10	1	10
币种数（个）		53	6	47
枚数（万枚）	公告量	1 325.12	1 140.00	185.12
	实铸量	599.98	459.62	140.37
重量（万盎司）	公告量	1 285.46	917.00	368.46
	实铸量	644.02	376.62	267.40
实铸量价格指标（亿元）	不变成本总值	65.25	45.24	20.01
	零售价总值	90.29	52.12	38.17
	变动成本总值	56.97	39.84	17.14
	上市一周市场价			44.66
	上市三个月市场价			40.89
	年底市场价总值	83.24	43.47	39.76
交易活跃度指标	成交顺畅	30	6	24
	成交不畅	12	0	12
	成交困难	8	0	8

表2(续)

		2013年发行增量合计	投资币合计	纪念币合计
评价投资价值绝对指标	S/BB	1.276	0.961	1.987
	S/L	0.922	0.834	1.042
	L/BB	1.384	1.152	1.907
	S/BD	1.461	1.091	2.320
评价投资价值相对指标	CBZ	0.896	0.797	0.983
	LBZ	0.893	0.794	0.979
	HBZ	0.868	0.772	0.952
	BH	7.483	5.002	8.020

如表2和附表4所示：

● 2013年共计发行10个项目、53个币种，与2012年相比减少1个项目、3个币种。

● 2013年公告发行数量1 325.12万枚，实际铸造总数量599.98万枚，与计划相比下降54.72%。2013年与2012年的实际铸造数量对比上涨7.20%，其中投资币上涨38.09%，纪念币下降38.11%。

● 2013年公告发行重量1 285.46万盎司，实际铸造总重量644.02万盎司，与计划相比下降49.90%。2013年与2012年的实际铸造重量对比下降1.24%，其中投资币上涨45.46%，纪念币下降22.02%。

● 2013年零售价总值90.29亿元。2009—2013年零售价总值走势变化情况见图8。

图8　2009—2013年贵金属币零售价总值走势图

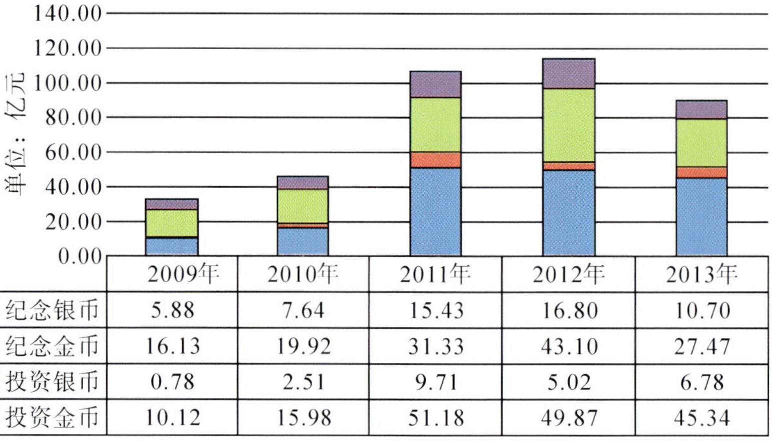

	2009年	2010年	2011年	2012年	2013年
纪念银币	5.88	7.64	15.43	16.80	10.70
纪念金币	16.13	19.92	31.33	43.10	27.47
投资银币	0.78	2.51	9.71	5.02	6.78
投资金币	10.12	15.98	51.18	49.87	45.34

如图8所示，2009—2012年，我国贵金属币零售价总值一直在上行通道运行，2013年开始从高点回落。分析形成的原因，虽然2013年投资币销售总量上升，但由于贵金属价格下跌和纪念币销售总量下降，由此促成按资金规模计算的供应总量下降。

●由于国际贵金属价格开始大幅下挫，2013 年板块的价值结构体系出现新变化。

图 9 2013 年板块价值结构图

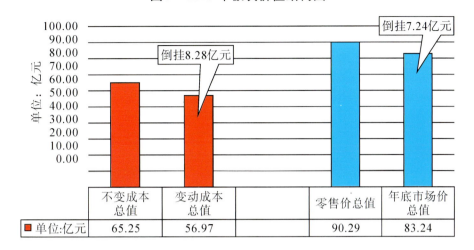

单位:亿元	不变成本总值	变动成本总值		零售价总值	年底市场价总值
单位:亿元	65.25	56.97		90.29	83.24

如图 9 所示，按发售时贵金属价格计算的贵金属成本总值为 65.25 亿元，到年底时按全年贵金属加权平均价格计算的贵金属成本总值为 56.97 亿元，贵金属价格出现倒挂 8.28 亿元。全年的零售价总值为 90.29 亿元，年底的市场价总值为 83.24 亿元，全年大盘亏损 7.05 亿元，这是多年没有出现过的新情况。

●受外部环境和内部因素影响，2013 年板块的收藏投资价值开始恶化。

图 10 2013 年板块主要宏观经济指标比较值示意图

如图 10 所示，2013 年板块的 CBZ 值、LBZ 值和 HBZ 值三项指标全部位于 1 的下方，说明在短期内 2013 年板块的平均水平已经丧失收藏投资价值。另外，综合价值指标（BH 值）也低于 2013 年大盘平均水平 21.35%。

第二节 投资币市场运行状况

投资币是我国贵金属币最重要的组成部分，特别是 2013 年 1 月 18 日，财政部发布《关于熊猫普制金币免征增值税政策的通知》（财税［2012］97 号）后，它的发展已经引起钱币界广泛关注。

（注：在本节中对 2013 年投资币的数据分析，是指 2013 年版的投资币，不包括跨年度销售的 2014 年版投资币）

●2013 年，我国投资币的销售规模有所扩大。尽管与公告发行量还有一定差距，但与 2012 年相比，实际铸造数量已经开始上涨。

图 11　2013 年与 2012 年投资币实铸量对比图

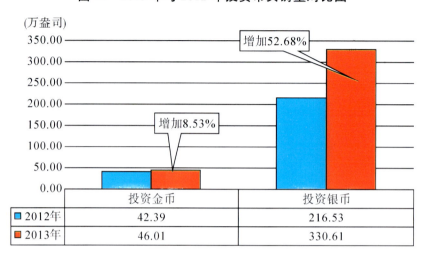

	投资金币	投资银币
2012年	42.39	216.53
2013年	46.01	330.61

如图 11 所示，投资金币由 2012 年的 42.39 万盎司上升到 2013 年的 46.01 万盎司，上涨幅度 8.53%；投资银币由 2012 年的 216.53 万盎司上升到 2013 年的 330.61 万盎司，上涨幅度 52.68%。这与国际上因贵金属价格下跌带动投资币销售量提升的规律近似。其中特别是投资银币，由于银价下跌近 1/4，带动需求量上升和销量增加超过 50%。

●2013 年，在贵金属价格的剧烈波动中，投资币板块的价值结构也发生了一定变化。

图 12　2013 年板块投资币价值结构图

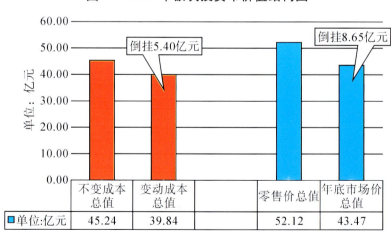

	不变成本总值	变动成本总值		零售价总值	年底市场价总值
单位:亿元	45.24	39.84		52.12	43.47

如图 12 所示，按全年平均贵金属价格计算的投资币成本总值为 45.24 亿元，按第四季度平均贵金属价格计算的变动成本总值为 39.84 亿元，贵金属价格出现倒挂

5.40亿元。另外按全年平均贵金属价格计算的零售价总值为52.12亿元，年底的市场价总值为43.47亿元，投资币板块市值下降8.65亿元。由于投资币板块在2013年板块中占有很大权重，由此对2013年大盘整体表现产生了较大的向下拉拽作用。数据表明，受投资币的经济属性影响，它的市场价值与贵金属价格变动紧密相关。如果要实现投资币的投资保值功能，就必须配套实施低回购差价率、全方位、高效率的回购方案，使投资者在贵金属价格的区间波动中，通过低买高卖的套利操作，获得利润，规避风险。否则，贵金属价格大幅下行带来的系统性风险，将会打击收藏投资者信心，给市场长期发展带来不利影响。

●随着贵金属价格的大幅波动，2013年投资币的收藏投资价值也同样出现恶化趋势。

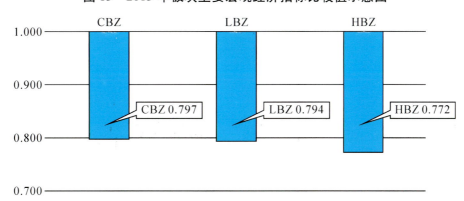

图13　2013年板块主要宏观经济指标比较值示意图

如图13所示，2013年板块投资币的CBZ值、LBZ值和HBZ值三项指标全部位于1的下方，说明如果贵金属价格走势未发生趋势性好转，那么在短时间内2013年板块投资币的平均投资价值将很难恢复。另外，综合价值指标（BH值）也低于2013年大盘平均水平47.42%。

第三节　纪念币市场运行状况

如表2和附表4所示：

●2013年共计发行纪念币10个项目、47个币种，与计划相比增加2个项目、4个币种，与2012年相比减少1个项目、3个币种。

●2013年纪念币的公告发行量为185.12万枚（368.46万盎司），与计划相比总数量下调了24.17%，总重量下调了27.43%。其中各板块公告发行量与实铸量的统计分析见附表7。如附表7所示，按重量计算，实铸量下降最多的是中等规格纪念银币（即5盎司银币），实铸量下降最少的是大规格纪念金币（即大于等于1千克的金币）。

●从总体上计算，2013年与2012年相比，纪念币的实际铸造数量下降38.11%，实际铸造重量下降 22.02%。其中各板块实铸量下降情况统计分析见附表 8。如附表 8 所示，按重量计算，唯有大规格金银纪念币的实铸量比 2012 年上涨，其中 1 千克金币的上涨幅度高达 31.26%。实铸量下降幅度最大的是事件类中的银币，下降幅度为 64.22%。

●决定供应总量的因素除了数量之外，价格因素也会起到重要作用。2013 年纪念币项目"零售指导价溢价率"（L/BB 值）的统计分析见附表 9。

评价零售指导价高低，可以用"零售指导价溢价率"（即零售指导价与发行时的贵金属成本之比值，也叫做升水）衡量。这是一个相对指标，主要用于研究零售指导价与贵金属成本之间的相对关系。如附表 9 所示，从总体上分析，2013 年纪念币的 L/BB 值低于 1979—2012 年平均水平的 5.17%，说明在下调发行数量的同时，销售价格也采取了下调措施。通过对附表 9 的全面分析，我们可以看到，L/BB 值的变化在纪念币不同板块中是不平衡的。其中银币板块下降 13.71%，金币板块上涨 0.24%；事件类纪念币板块普遍下降，文化类纪念币板块大多上涨；小规格纪念币板块大多下降，大中规格纪念币板块普遍上涨。

●2013 年，按零售指导价计算的零售价总值为 38.17 亿元。2009—2013 年零售价总值走势图见图 14。

图 14　2009—2013 年纪念币零售价总值走势图

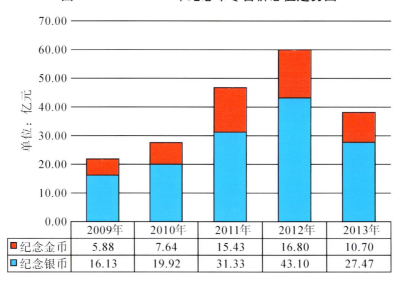

	2009年	2010年	2011年	2012年	2013年
纪念金币	5.88	7.64	15.43	16.80	10.70
纪念银币	16.13	19.92	31.33	43.10	27.47

如图 14 所示，2013 年终于结束了纪念币按资金规模计算的供应总量不断上升的趋势，分析原因主要是贵金属价格下降，同时适时下调了纪念币的铸造数量和某些板块的零售指导价。尽管这种下调措施没能从根本上改善 2013 年纪念币板块的整体表现，但对阻止其更深层次的恶化还是发挥了一定作用。

●2013 年纪念币板块价值结构分析见图 15。

图 15　2013 年纪念币板块价值结构图

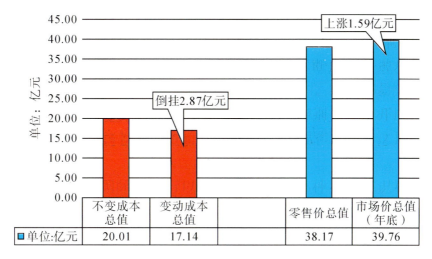

单位:亿元	不变成本总值	变动成本总值	零售价总值	市场价总值（年底）
单位:亿元	20.01	17.14	38.17	39.76

如图 15 所示，由于贵金属价格大幅下挫，在 2013 年板块的纪念币中，不变成本与变动成本之间的贵金属价格也出现倒挂。到 2013 年年底，市场价总值仅高于零售价总值 1.59 亿元，溢价幅度 4.20%。实际上，全年 10 个纪念币项目，只有"中国佛教圣地（普陀山）金银纪念币"、"世界遗产黄山金银纪念币"和"2014 中国甲午（马）年金银纪念币"的市场价总值高于零售指导价总值，其他 7 个纪念币项目的市场价总值全部跌破零售指导价总值。另外，在 2013 年发行的 47 种纪念币中，有 21 个币种跌破零售指导价，占总数的 44.68%；有 15 个币种跌破批发价，占 31.91%。纪念币在当年就跌破批发价的情况，在过去很少出现。

●由于市场调整，2013 年纪念币板块的主要宏观经济指标比较值也不尽如人意。

图 16　2013 年纪念币板块主要宏观经济指标比较值示意图

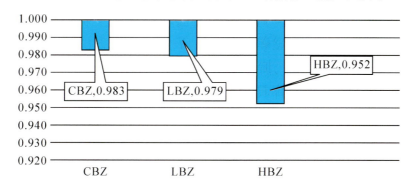

如图 16 所示，2013 年板块纪念币的 CBZ 值、LBZ 值和 HBZ 值三项指标全部位于 1 的下方。虽然纪念币的收藏投资价值好于投资币，但在 2013 年中，它们仍然没有跑赢 CPI、存款利率和货币贬值。2013 年纪念币的综合价值指标（BH 值）为 8.020，低于 2013 年大盘平均水平 15.70%。

●在 2013 年的市场表现中，纪念币高开低走的规律依然延续。

图 17　2013 年纪念币板块市场价格趋势图

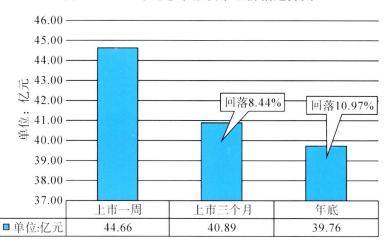

	上市一周	上市三个月	年底
单位:亿元	44.66	40.89	39.76

　　如图 17 所示，与零售指导价相比，2013 年纪念币上市一周平均高开 17.00%。与高开价格相比，三个月后平均回落 8.44%。年底时回落 10.97%。尽管与前几年相比，高开幅度已经明显下降，但这些数据一方面说明市场需求仍然明显不足和市场存在一些投机成分，同时也说明经销体系中存在的某些问题至今依然存在。

　　●2013 年，纪念币的经销体系正在发生变化。

图 18　2013 年纪念币板块"批零差价"分配结构图

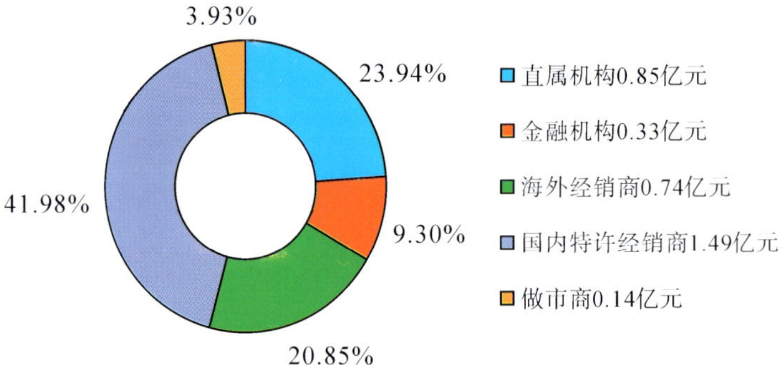

图例：
■ 直属机构 0.85 亿元
■ 金融机构 0.33 亿元
■ 海外经销商 0.74 亿元
■ 国内特许经销商 1.49 亿元
■ 做市商 0.14 亿元

（饼图数据）3.93%　23.94%　9.30%　20.85%　41.98%

　　如图 18 所示，2013 年纪念币批零差价总值共计 3.55 亿元。在批零差价总值中，直属机构占 23.94%，国内 101 家特许经销商占 41.98%，海外经销商占 20.85%，国内金融机构占 9.30%，做市商占 3.93%。在这个分配结构中我们可以看到，虽然历史发展形成的传统经销体系仍然占到销售总份额的 65.92%，但直销比例正在不断扩大，其中特别是国内金融机构的身影已经出在经销队伍之中。尽管目前金融机构在整个销售份额中的占比仍较小，但作为一种新生力量和发展方向，值得关注。

　　●在 2013 年中，市场参与者的利益分配关系也值得关注。对 2013 年纪念币板块经济利益结构的分析见附表 10，有关分析解读的示意图见图 19。在这里，需要特别说明的是，各项差价总值的计算仅为理论值，不包括生产成本、经营成本、库存和税赋，也未计入在实际销售中可能出现的价格浮动。

图 19　2013 年纪念币板块零售价总值形成结构图

如图 19 所示，2013 年纪念币零售价总值 38.16 亿元，其中贵金属成本 20.01 亿元，占 52.44%；批发毛利总值 14.59 亿元，占 38.23%；批零差价总值 3.56 亿元，占 9.33%。在批发毛利总值中，假定各项成本费用为 35%，则批发环节可获得的利润大约为 9.48 亿元。全部经销机构合计批零差价总额 3.56 亿元，如果同样假定按 35% 的成本费用计算，总毛利为 2.314 亿元。其中 101 家国内特许经销商每家平均可获得 148 万元人民币的批零差价额，扣除经营成本后大多可能已处于艰难经营状态。对于收藏投资者来说，全年市场价与零售指导价之间的差额为 1.59 亿元，平均收藏投资回报率 4.17%，属微利状态。

● 在 2013 年中，47 种纪念币的市场表现大相径庭，优势币种依然存在，令人大跌眼镜的币种也在其中。

图 20　2013 年"青铜器第二组"5 盎司银币

在 2013 年 47 种纪念币中，市场表现最好的币种之一是"中国青铜器金银纪念币（第二组）"中的 5 盎司银币。这枚纪念银币公告发行量10 000枚，实铸量 7 000 枚；零售指导价 2 900 元/枚，产品上市高开到 5 600 元/枚，最高曾上冲到 7 000 元/枚，年底回落到 5 800 元/枚左右，增值幅度 100%，市场价总值约 4 000 万元。分析这枚银币市场表现突出的原因，主要是技术工艺创新概念。由于它采用了过去较少使用的表面硫化技术，得到收藏投资者和资金关注，需求量上升。实际上这个项目的文化背景比较深厚，银币背面的设计选材和雕刻也算上乘，加之实际铸造数量下调，这些因素都是促成它市场表现较好的原因。当然，目前这枚银币的市场价格是否存在炒作因素值得观察，它的真正市场价值还需要得到更长时间的检验。

图21　2013年版5盎司熊猫精制金币

　　"2013年版5盎司熊猫精制金币"是在2013年市场中表现最差的币种之一。这枚5盎司金币公告发行量5 000枚，实际铸造量在3 200枚左右；用加权方法计算的零售指导价为69 054元/枚，上市一周高开到74 000元/枚，上市三个月后回落到63 650元/枚，年底市场价44 500元/枚左右，仅高于黄金价格9.58%，总市值1.41亿元，收藏投资回报为负35.56%，不但跌破零售指导价，也击穿了批发价。分析这枚5盎司金币市场表现较差的原因，虽然与黄金价格大幅下跌有重大关系，但与实际铸造量较大、题材缺少吸引力、设计和技术缺乏突破也有较大关系。

第四节　要点提示

　　●受整个大盘不断下行影响，我国贵金属币2013年板块在艰难中前行。2013年共计发行10个项目、53个币种，铸造的总数量599.98万枚，总重量644.02万盎司，零售价总值90.28亿元，年底市场价83.24亿元，整个大盘市值亏损7.04亿元。与此同时，三项主要经济指标（CBZ、LBZ和HBZ）全部位于1的下方，收藏投资价值受到较大影响。

　　面对弱市，我们可以看到一些调整措施。特别是对纪念币来说，实铸量与公告量相比总数量下调24.17%，总重量下调27.43%。与此同时，在销售价格方面也做出了适当调整，2013年板块纪念币的零售价格水平总体下调了5.17%，从此结束了近年来按资金规模计算的市场供应总量不断攀升的发展态势。另外，为了发展潜在的收藏消费群体，2013年在销售方式上也进行了新尝试，开辟了金融机构销售渠道，为创造新的经销模式进行了初步尝试。

2013年市场需求发生了较大逆转，投机资金外撤，收藏投资群体数量下滑，集团礼品消费大幅度下降。从纪念币的市场表现来看，虽然采取了调整措施，但实施力度与市场实际需求相比仍有一定差距。市场的实际表现已经对此给出了明确结论。如何从市场的实际状况出发，从项目、品种、数量、价格和渠道方面进一步采取调整措施，已经成为当前不容回避的问题。

●投资币是我国贵金属币的重要组成部分，但从经济属性上看又是与纪念币完全不同的两大板块，因此在发行规模和销售机制上应该与纪念币区别对待。财政部的免税政策对投资金币的发展提供了政策和税制保证，是对发展投资币市场的最大利好。

2013年与2012年相比，我国投资币的发行总重量上升45.07%，其中投资金币上升8.53%，投资银币上升52.68%，完全符合市场规律，同时也与国际上投资币销量大增的趋势基本吻合。问题是，我国投资金币销售规模的发展速度还不够理想，与国际上投资金币销售规模大幅度增长还有一定差距。

在我国投资币发售规模不断提升的同时，我们也应该看到：由于投资币的市场价格与贵金属价格波动密切相关，仅从数据上观察2013年投资币的投资价值指标并不理想，整个板块处于较大幅度亏损状态。实际上，投资币的贵金属价格风险是客观存在和不容回避的，问题的关键在于，我们能否为投资者提供有效规避风险和在价格波动中套利的条件与工具。目前熊猫普制金币的回购还没有全面展开，2013年对于投资金币的购买者来说，应该是痛苦的。如何加快普制熊猫金币的回购步伐，实行低回购差价率、全方位、高效率的回购方案，进一步提高投资币的发售规模，已经成为落实国务院政策，促进中国金币事业发展的头等大事。

●在整个大盘调整过程中，2013年板块纪念币的收藏投资价值受到较大影响。全年零售价总值38.17亿元，年底市场价总值39.76亿元，两价相差1.59亿元，收藏投资回报率仅4.17%。实际上这只是一个平均值，在2013年10个纪念币项目中，只有"中国佛教圣地（普陀山）金银纪念币"、"世界遗产黄山金银纪念币"和"2014中国甲午（马）年金银纪念币"的市场价总值高于零售指导价总值，其他7个纪念币项目的市场价总值全部跌破零售指导价总值。在2013年发行的47种纪念币中，有44.68%的币种跌破零售指导价，有31.91%的币种跌破批发价。2013年板块纪念币的CBZ值、LBZ值和HBZ值三项指标全部位于1的下方，已经在短时间内全部跑输CPI、存款利率和货币贬值速度。

当然，一年的考察期相对较短，不能也不应该用一年的数据判断这些币种未来的发展，但是收藏投资价值较差的市场表现至少会在短时间内给收藏投资群体的发展带来负面影响。保值增值是我国贵金属纪念币市场发展的经济基础，没有保值增值的市场预期就不会有收藏投资群体的扩大。如果能采取切实措施，从根本上提升纪念币收藏投资价值的比较优势，将会为挖掘需求潜力，扩大收藏投资队伍发挥根本性作用。

●我国贵金属币的市场体系由发行方、中间经营环节和收藏消费群体共同组成，这是一个完整的利益链条，其中的每个环节都在利益驱动下参与市场活动。没有利益就没有市场，利益失衡就会制约市场，没有收藏投资者的利益就无从谈论市场发展。

从分析 2013 年纪念币板块利益分配的数据中我们可以看到，目前在整个分配结构中利益配置不合理的问题比较突出，批发环节获利最大，收藏投资者获利最小，其他中间环节大多处于艰难经营困境中，这应该是在垄断经营条件下产生的问题。实际上，利益分配结构失衡是我国贵金属纪念币市场体系长期存在的问题，只是在当前弱市环境下，这个问题才开始充分暴露和显现。

我国的贵金属纪念币是一种以货币形式出现、以贵金属为载体，用于收藏投资的商品。在这种商品面对市场销售的过程中，经营环节的利益关系应该基本符合其他商品的一般规律，减少垄断利润，将这种商品的增值预期让利给收藏投资者和其他经营者，用以调动整个市场参与者的积极性。如果能从市场长期稳定发展的长远利益出发，合理调整利益分配关系，放弃一些短期利益，"放水养鱼"，将可在激发市场活力方面发挥一定作用。

●在 2013 年的市场表现中，纪念币新品高开低走的规律依然延续。与零售指导价相比，2013 年纪念币新品上市一周平均高开 17.00%。与高开价格相比，三个月后平均回落 8.44%，年底时回落 10.97%。

认识和评价这种高开低走现象，由于所处位置和利益不同，应该会有完全不同的答案。解剖这个问题，首先应该分析新品上市后为什么高开。是市场供需关系的真实反映，还是某些具有经销特权的市场参与者利用价格高开预期，抬高价格销售？在高开低走过程中，到底谁获益、谁受损？当然，对于有条件利用目前经销体系的缺陷和不足，从二级市场中获得更大利润的市场参与者来说，新品上市后能够高开对他们是最大的利好，但对无权按标准零售价购得纪念币的广大收藏投资群体来说则是最大的利空，他们不但要承担眼前的经济损失，同时也会提前透支今后可能获得的增值回报。从收藏投资者立场出发，如果他们中的绝大多数人能够在一个相对公平、透明的市场环境下，获得一手价格的纪念币，同时也能在二级市场的价格起伏中获益，新品上市后高开并不完全是坏事。钱币二级市场价格波动是供需关系理性或非理性的客观反映，对每个收藏投资者来说，在获取增值收益的同时也要承担贬值风险。但这个问题的重要前提是要有一个公开、公平、公正和透明的市场环境，不应让某些拥有经销特权的市场参与者通过侵害其他收藏投资者利益的方式获取不当收益。

实际上纪念币新品上市高开低走问题涉及我国贵金属纪念币经销体系顶层设计的深层次问题，既包括理论认识，也触及经营理念，核心问题是这种"政府行政资源类商品"到底应该如何销售。从维护广大收藏投资者根本利益和市场公平正义的角度出发，如何改革完善我国贵金属纪念币的销售体系，值得深思。

第三章　2013 年中国现代贵金属币大盘发行存量市场运行状况分析

"2013 年贵金属币大盘发行存量"是指 2012 年（包括 2012 年）以前发行的贵金属币的集合，简称"2012 年大盘"。对"2012 年大盘"进行分析时，首先将对它的总体运行状况进行分析，然后再对其中的投资币和纪念币分别进行分析。这些分析主要围绕"价格变化因素权重"、"抗跌系数"和"收藏投资价值"等指标进行研究。

第一节　市场运行总体状况

用 2013 年数据运算得出的 2012 年大盘市场运行状况综合统计结果见表 3。

表 3　　　　　　　　　　　2013 年大盘发行存量市场状况一览表

		大盘	投资币总量	纪念币总量
项目数（个）		363	31	362
币种数（个）		1 899	189	1 710
枚数 （万枚）	公告量	8 456.49	4 597.61	3 876.88
	实铸量	6 301.10	2 803.43	3 497.67
重量 （万盎司）	公告量	7 299.21	3 072.95	4 227.76
	实铸量	5 725.30	1 815.60	3 909.70
实铸量 价格指标 （亿元）	不变成本总值	355.46	205.84	149.62
	零售价总值	532.71	231.90	300.81
	变动成本总值	580.06	352.59	227.48
	年底市场价总值	1 101.17	469.38	631.79
交易 活跃度 指标	成交顺畅	512	189	323
	成交不畅	618	0	618
	成交困难	326	0	326
评价投资 价值绝对 指标	S/BB	3.098	2.280	4.223
	S/L	2.067	2.024	2.100
	L/BB	1.499	1.127	2.011
	S/BD	1.898	1.331	2.777

表3(续)

		大盘	投资币总量	纪念币总量
评价投资 价值相对 指标	CBZ	2.120	1.799	2.237
	LBZ	1.399	1.138	1.437
	HBZ	0.969	0.803	1.009
	BH	9.616	5.822	10.367

●在连续两年多的市场调整过程中，2012年大盘的总市值继续下挫。2012年大盘市场价总值的变化见图22。扣除相应发行增量后2012年大盘市场价总值的对比变化见图23。有关具体分析数据见第一章的附表1。

图22 2012年大盘市场价总值变化图

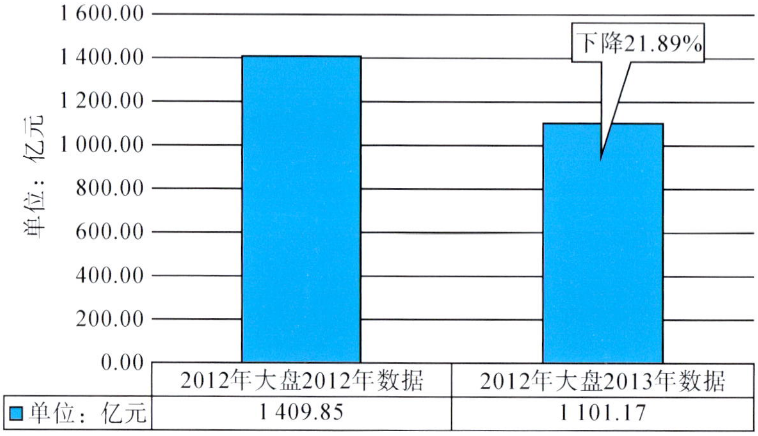

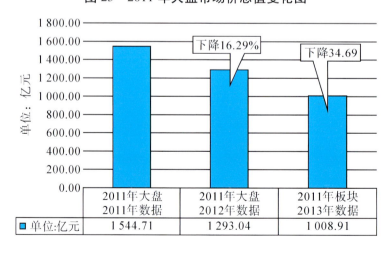

如图22所示，到2013年年底，2012年大盘的总市值1 101.17亿元，与2012年相比下跌308.68亿元，下降幅度21.89%。

图23 2011年大盘市场价总值变化图

如图23所示，从2011年高点回落开始计算，在扣除相应增量后，第一年大盘下跌251.67亿元，下跌幅度16.29%；在此基础上，2013年继续下跌284.13亿元，下降幅度 21.97%；累计市场价总值蒸发 535.80 亿元，下降幅度 34.69%。

●如第一章中的图 4 所示，在 2013 年的下跌过程中，与 2012 年相比，贵金属价格减少 227.45 亿元，贵金属价格影响权重（GQZ 值）占 72.81%；货币溢价因素减少 83.93 亿元，货币溢价因素影响权重（HQZ 值）占 27.19%。由此说明，从总体上观察，国际贵金属价格的趋势性波动，已对我国贵金属币的市场价格和收藏投资价值产生重大系统性影响。

●关于投资价值指标，2012 年大盘的三项主要宏观经济指标比较值见图 24，主要综合指标（BH 值）变化状况见图 25。

图 24　2012 年大盘主要宏观经济指标比较值示意图

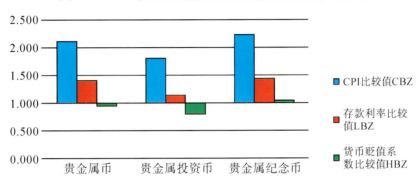

如图 24 所示，2012 年大盘和其中的投资币、纪念币与 CPI 比较值（CBZ 值）、存款利率比较值（LBZ 值）均大于 1，由此说明，2012 年大盘的主要宏观经济指标比较值仍跑赢了同期的 CPI 和存款利率。但在图 24 中也可以看到，与货币贬值系数（HBZ 值）相比，大盘和其中的投资币已经处于小于 1 的状态，只有纪念币以极其微弱的数值处于大于 1 的水平。从数据中可以看到，虽然 2012 年大盘的主要宏观经济指标比较值好于 2013 年大盘，但收藏投资价值的比较优势也开始弱化。下一步的走势值得关注。

图 25　2012 年大盘 BH 值变化情况对比图

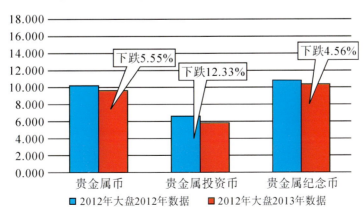

如图 25 所示，关于评价投资价值的综合指标（BH 值），在 2012 年大盘中，2013 年与 2012 年相比，各个板块的 BH 值也出现了不同程度的下滑。由此说明，这

次市场出现的大幅度调整，已经对 2012 年大盘的收藏投资价值造成一定影响。

第二节　投资币市场运行状况

● 在 2013 年的市场调整中，2012 年大盘投资币市场价总值由 2012 年的 608.75 亿元下降为 469.38 亿元，下降幅度 22.89%，大于 2012 年大盘平均下跌幅度。其中贵金属价格下降 133.44 亿元，贵金属价格影响权重（GQZ 值）为 95.75%；货币溢价因素下降 5.93 亿元，货币溢价因素影响权重（HQZ 值）为 4.25%。投资币市场价格与贵金属价格变化的正向关系凸显。

● 对 2012 年大盘投资币内部结构的具体分析见图 26。

图 26　2012 年大盘投资币市值变化主要因素分析图

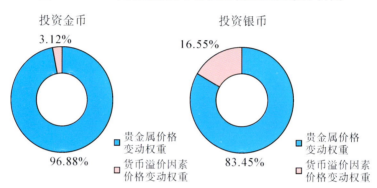

投资金币市场价总值下降 127.61 亿元，贵金属价格影响权重为 96.88%，货币溢价因素影响权重为 3.12%，贵金属价格变化是影响投资金币市场价格的绝对主要因素。

投资银币市场价总值下降 11.76 亿元，贵金属价格影响权重为 83.45%，货币溢价因素影响权重为 16.55%。这组数据说明，在同一个市场环境中，与投资金币相比，投资银币市场价格的下跌与贵金属价格变化的相关性相对较小，货币溢价因素影响相对较大，这说明由于投资银币以往的增值幅度相对较大，形成的价格泡沫在下跌过程中也会受到较大挤压。

● "市场价格涨跌能力"，可简称为"价格涨跌系数"（NLZ 值），它主要用于定量计算：某一特定板块或币种的价格变动幅度，相对于贵金属币大盘价格变动幅度的优劣。在一般情况下，把大盘的价格变动幅度确定为计算基数，当 NLZ 值大于 1 时，说明这个板块或币种的价格变动幅度优于大盘；当 NLZ 值小于 1 时，说明这个板块或币种的价格变动能力劣于大盘。当贵金属币大盘下跌时可称为"抗跌系数"，当贵金属币大盘上涨时可简称为"助涨系数"。关于市场价格涨跌能力的计算详见附录 2。

对 2012 年大盘投资币内部结构"抗跌系数"的分析见图 27。

图 27　2012 年大盘投资币抗跌能力示意图

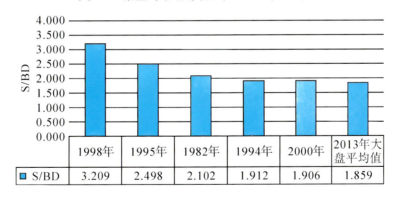

如图 27 所示，投资银币的抗跌能力优于大盘，投资金币的抗跌能力劣于大盘。由于 2013 年大盘下跌的主要因素是贵金属价格变化，这也验证了投资金币受贵金属价格影响更大，而投资银币具有相对较高的货币溢价因素。

●自 1982 年我国开始发行熊猫普制投资金币起，至今已有 32 年历史，币种总数 169 个（其中包括 10 个官方版别）。虽然从总体上看，投资金币的经济属性没有变化，但由于受到当时实际铸造量、至今存世量以及其他因素影响，在我国投资金币大家族中某些年代的币种，已经开始向收藏属性转化。这种转化可以从图 28 和图 29 的数据中得到某种程度的体现。

图 28　某些年份投资金币 S/BD 值分布图

	1998年	1995年	1982年	1994年	2000年	2013年大盘平均值
S/BD	3.209	2.498	2.102	1.912	1.906	1.859

图 28 是某些年份投资金币的市场价与贵金属变动成本之间的比值（S/BD 值），2013 年贵金属币大盘 S/BD 值的均值为 1.859。由于篇幅限制，在图 28 中，仅将排位前五名的投资金币作为典型进行分析。

如图 28 所示，1982 年、1994 年、1995 年、1998 年和 2000 年发行的投资金币，S/BD 值已经高于大盘的平均数值，其中表现最优的 1998 年投资金币的 S/BD 值更是高出大盘 1.73 倍。实际上这个数值不但跑赢了大盘平均值，同时也优于很多其他纪念金币的币种。

图29　某些年份投资金币 BH 值分布图

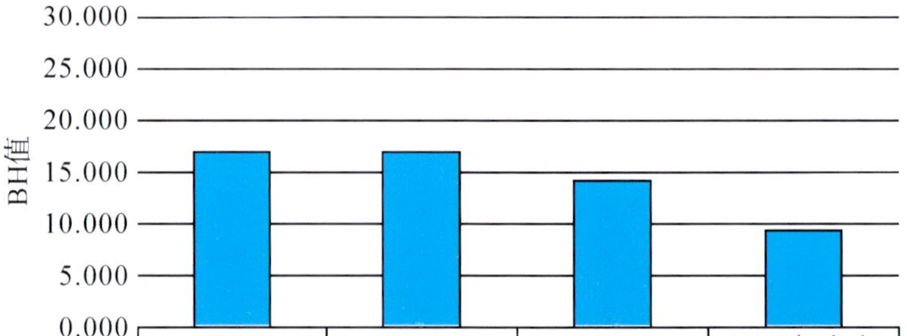

BH值	1999年	1998年	2000年	2013年大盘平均值
■ BH值	17.132	16.963	14.123	9.514

BH 值是融合了所有价值指标之后的综合价值指标。图29是某些年份投资金币的 BH 值，2013年贵金属币大盘 BH 值的均值为9.514。由于篇幅限制，在图29中，仅选择排位前三名的投资金币作为典型进行分析。

如图29所示，1998年、1999年和2000年发行的投资金币，BH 值已经高出大盘的平均值，其中表现最优的1998年投资金币的 BH 值更是高出大盘1.80倍。实际上这个数值不但跑赢了大盘平均值，同时也优于很多其他纪念金币的币种，收藏价值凸显。

以上数据说明，事物总是运动的和变化的。从总体上说，投资币与纪念币的经济属性不同，但它们之中某些币种的经济特性会随时间和条件而变化，以投资为主向收藏为主转化，收藏价值甚至大大高于一般的纪念币。由此我们应该从收藏角度重视投资币中的某些币种，特别要注意挖掘早期发行或铸造数量相对较少的投资币的收藏价值，在收藏投资中获益。

第三节　纪念币市场运行状况

对2012年大盘纪念币以及内部不同板块主要经济指标的分析汇总详见附表11-1和附表11-2。

● 在2013年中，2012年大盘纪念币的市场价总值为631.79亿元，与2012年相比下降169.31亿元，下跌幅度21.13%。

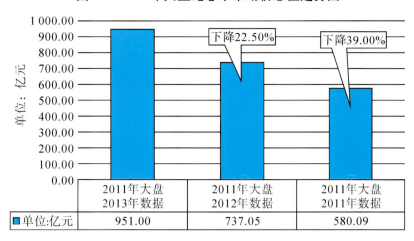

图 30　2011 年大盘纪念币市场价总值走势图

单位:亿元	2011年大盘 2013年数据	2011年大盘 2012年数据	2011年大盘 2011年数据
单位:亿元	951.00	737.05	580.09

　　如图 30 所示，如果从 2011 年高点回落开始计算，扣除相应总量后，市场价总值从 2011 年的 951.00 亿元下降到 2013 年的 580.09 亿元，累计下降幅度 39.00%，高于大盘平均下降幅度。其中 2012 年下降 213.95 亿元，下跌幅度 22.50%。

　　●在 2012 年大盘市场价总值下跌 169.31 亿元的过程中，贵金属价格下跌 91.31 亿元，货币溢价因素下跌 78.00 亿元。

图 31　2012 年大盘纪念币市值变化主要影响因素分析图

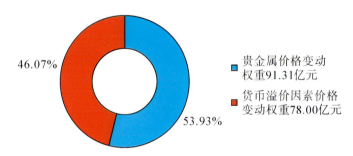

　　如图 31 所示，2012 年大盘在 2013 年的市场调整中，贵金属价格影响权重（GQZ 值）占 53.93%，货币溢价因素影响权重（HQZ 值）占 46.07%。这组数据可以充分说明：首先贵金属价格变化对纪念币的市场表现具有系统性影响；其次与投资币相比，贵金属价格变化对纪念币的影响相对小了很多；另外，在 2013 年的市场调整中，货币溢价因素对市场价格的变动也有重大影响，这是供需关系产生较大变化的数据反映。

　　●由于市场价格继续大幅下降，2012 年大盘的收藏投资价值也发生了一定变化。从可比性出发，2012 年大盘发行存量的 BH 值由 2011 年的 14.906 下降到 2013 年的 10.514，下降幅度 29.46%。

第四节　纪念币内部主要板块运行状况

下边将对 2012 年大盘纪念币内部的主要板块运行状况进行分析。其中主要包括"项目主题板块"、"贵金属材质板块"、"重量规格板块"、"老精稀板块"以及"纪念币内部特定主题纪念币和特定纪念题材纪念币"板块。

● 项目主题板块

图 32　2012 年大盘纪念币"项目主题板块"主要综合指标分析图

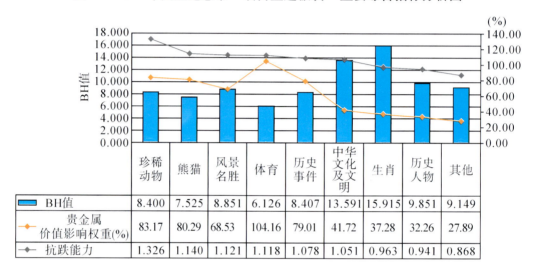

	珍稀动物	熊猫	风景名胜	体育	历史事件	中华文化及文明	生肖	历史人物	其他
BH值	8.400	7.525	8.851	6.126	8.407	13.591	15.915	9.851	9.149
贵金属价值影响权重(%)	83.17	80.29	68.53	104.16	79.01	41.72	37.28	32.26	27.89
抗跌能力	1.326	1.140	1.121	1.118	1.078	1.051	0.963	0.941	0.868

如图 32 所示，从收藏投资价值综合指标（BH 值）分析，排位前三名的依次是"生肖"、"中华文化及文明"和"历史人物"板块，排位后三名的依次是"体育"、"熊猫"和"珍稀动物"板块。

关于"价格变化因素权重"分析，在市场下跌过程中，"其他"板块受贵金属价格变动的影响最小，它的下跌主要受货币溢价因素影响。另外我们可以看到，"体育"板块的下跌受贵金属价格变动影响最大，达到 104.16%。我们来分析这个数据的形成：其一，在"体育"板块中，"第 29 届奥运会贵金属纪念币"项目占有较大比重（达到 80%以上），这个大型项目的市场表现将直接决定整个"体育"板块的市场表现。实际上，在"体育"板块中，也有表现不错的币种，这些币种的数据汇集到整个板块后，权重就显得微乎其微。其二，在 2012 年的市场调整中，"第 29 届奥运会贵金属纪念币"已经大幅下挫，整个板块处于跌破零售指导价的尴尬境地，继续下挫的空间已经较小。因此在 2013 年的市场表现中，虽然这个板块的市场价也小幅下跌，但贵金属价格的下跌使内部的价值结构产生反向变化，货币溢价因素不但没有降低，反而相对有所提高，由此形成数据反映的结果。

从"抗跌系数"（NLZ 值）分析，最抗跌板块的前三位依次是"珍稀动物"、"熊猫"和"风景名胜"，最不抗跌板块的后三位依次是"其他"、"历史人物"和

"生肖"。由于市场的复杂性，虽然在 BH 值、价格变化因素权重和 NLZ 值三者之间，目前尚未看到十分严格的逻辑关系，但从中也可以发现，过去涨幅越大的板块，在下跌中也跌幅更大；而对于那些涨幅相对较小的板块来说，由于下跌空间较小，下跌幅度也相对较小，反映在数据上就是抗跌能力更强。

●贵金属材质板块

图33 2012 年大盘纪念币"贵金属材质板块"主要综合指标分析图

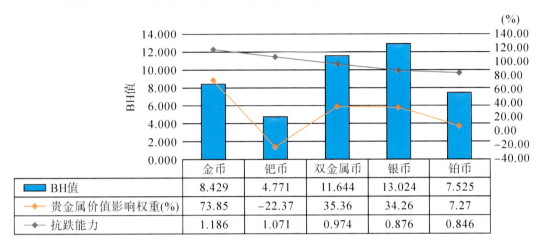

	金币	钯币	双金属币	银币	铂币
BH值	8.429	4.771	11.644	13.024	7.525
贵金属价值影响权重(%)	73.85	−22.37	35.36	34.26	7.27
抗跌能力	1.186	1.071	0.974	0.876	0.846

如图 33 所示，从收藏投资价值综合指标（BH 值）分析，它们由高到低的排位顺序依次是银币、双金属币、金币、铂币和钯币。

从价格变化因素权重分析，在 2013 年中，由于每种贵金属价格变化幅度不同，表现为数据就存在较大差异。由于黄金价格下降幅度最大，因此贵金属价格影响权重（GQZ 值）对金币板块影响也最大。另外，由于钯金价格在 2013 年是上涨的，由此可以看到它的贵金属价格因素权重（GQZ 值）为负数，说明 2013 年钯金价格变化，不仅没有使贵金属价格下降，反而与整个大盘反向而行，使贵金属价格得到提高。需要特别关注的是，2013 年金价平均下跌 28%，银价平均下跌 23.62%，下降水平没有本质差别，但金币和银币对此的反应却有些相同。由此可以说明，银币与金币的变动成本溢价率（S/BD 值）相差较大，在下跌过程中货币溢价因素对银币市场价格的影响大出很多，即在 2013 年的市场中，引起银币下跌的主要因素是货币溢价因素。

从"抗跌系数"分析，金币和钯币最具抗跌性，而 BH 值相对较高板块的抗跌性能低于大盘水平，由此说明，在这次大盘调整中，货币溢价因素越高，下跌幅度越大。

●重量规格板块

图34　2012年大盘纪念币"重量规格板块"主要综合指标分析图

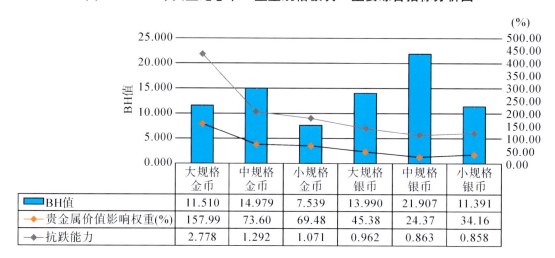

	大规格金币	中规格金币	小规格金币	大规格银币	中规格银币	小规格银币
BH值	11.510	14.979	7.539	13.990	21.907	11.391
贵金属价值影响权重(%)	157.99	73.60	69.48	45.38	24.37	34.16
抗跌能力	2.778	1.292	1.071	0.962	0.863	0.858

如图34所示，在收藏投资价值综合指标（BH值）的对比中，中等规格金银币排在前列，大规格金银币排在中间，小规格金银币排在最后。从这个排序中我们可以看到纪念币的绝对价值、发行量对收藏投资价值的综合影响。例如，由于中等规格金银币的发行量相对于小规格金银币少了很多，绝对价值比大规格金银币又低很多，因而有能力收藏投资的群体相对较大，在供需关系的作用下，形成收藏投资价值最优的结果。小规格金银币收藏投资价值较低的直接原因就是发行量相对很大。

从"价格变化因素权重"分析，与"贵金属材质"板块的情况类似，在2013年中货币溢价因素对银币的影响大大高于金币。其中需要特别关注的是，大规格金币的贵金属价格影响权重（GQZ值）为157.99%。如何解释这个数值？实际上，它与"体育"板块的情况类似。由于大规格金币的绝对价值很高，收藏群体较少，在供需关系作用下，它的相对增值幅度有限，由此造成贵金属价格的大幅度变化，使这个板块的内部价值结构出现反向变化，虽然市场价格也在下跌，但它的货币溢价因素相对大幅度提高。

关于"抗跌系数"数据，最抗跌的是各种规格金币，最不抗跌的是各种规格银币。这里的基本规律与"贵金属材质"板块相同，因而不再赘述。

●"老精稀"板块

"老精稀"板块主要是指1999年以前发行、实际铸造量在3 000枚以内的币种。由于这个板块具有的特殊魅力，近年来已经引起广大收藏投资者的特别关注。这个板块在这次两年多的市场调整中表现到底如何？

到2013年底，"老精稀"板块市场价总值127.89亿元，与2012年的163.20亿元相比，下跌21.64%。2011年"老精稀"板块的市场价总值为218.01亿元，如果从高点回落开始计算，目前已经下跌41.34%。不管是从同比还是环比观察，下跌幅度都大于大盘平均值，属这次市场调整中的重灾区。

在2013年的市场调整中，"老精稀"板块的贵金属价格因素权重（GQZ值）为30.86%，货币溢价因素权重（HQZ值）为69.14%。由此说明"老精稀"板块的下跌主要受到货币溢价因素影响：一是供需关系出现重大变化；二是它们的市场价值正在接受检验。

尽管在这次市场调整中，"老精稀"板块在原有基础上受到重创，但它的收藏投资价值指标（BH值）仍然取得了18.182的佳绩，比大盘平均值高出91.11%，是表现相对最好的大型板块。有关数据显示，"老精稀"板块的估值水平已经位于底部区间，进一步大幅下挫的可能性相对较小，值得收藏投资者继续关注。

图35 2012年大盘纪念币"老精稀板块—不同币种"主要综合指标分析图

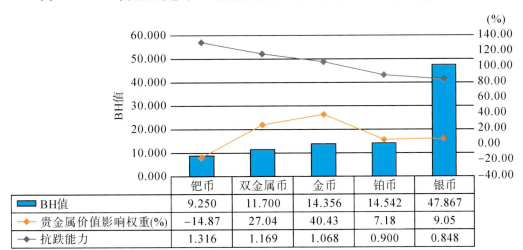

	钯币	双金属币	金币	铂币	银币
BH值	9.250	11.700	14.356	14.542	47.867
贵金属价值影响权重(%)	-14.87	27.04	40.43	7.18	9.05
抗跌能力	1.316	1.169	1.068	0.900	0.848

图36 2012年大盘纪念币"老精稀板块—不同规格"主要综合指标分析图

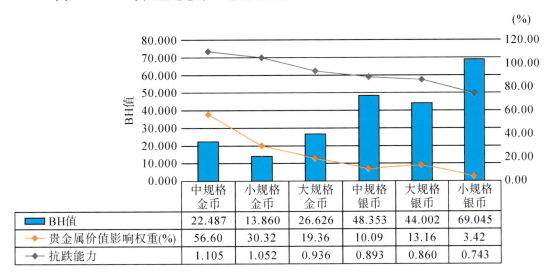

	中规格金币	小规格金币	大规格金币	中规格银币	大规格银币	小规格银币
BH值	22.487	13.860	26.626	48.353	44.002	69.045
贵金属价值影响权重(%)	56.60	30.32	19.36	10.09	13.16	3.42
抗跌能力	1.105	1.052	0.936	0.893	0.860	0.743

关于"老精稀"板块的内部结构情况可见图35和图36。图中显示的规律与以上所述大体相同，读者可根据自己的见解，对这些数据做出自己的判断。

●纪念币内部特定主题纪念币和特定纪念题材纪念币板块

与我国邮票分类体系类似，实际上在我国贵金属纪念币内部，根据项目主题的不同性质，又可以把它们细分为特定主题纪念币［例如"2014 中国甲午（马）年金银纪念币"］和特定纪念题材纪念币（例如"中华人民共和国成立 60 周年金银纪念币"）。有关这方面的分类，早有专家和学者进行过论述和实践。

从经济属性出发，可以把我国的贵金属币分为投资币和纪念币。但在纪念币内部，"中国现代贵金属币信息分析系统ⓒ"的数据显示，"特定主题纪念币"和"特定纪念题材纪念币"在经济特性上也存在一定区别。见表4。

表4　　　　"特定主题纪念币"与"特定纪念题材纪念币"主要数据汇总表

	特定主题纪念币	特定纪念题材纪念币
项目数（个）	181	191
币种数（个）	1 179	578
实铸量（万枚）	2 035.53	1 602.51
实铸量（万盎司）	2 657.96	1 519.14
不变成本总值（亿元）	110.86	58.77
零售价总值（亿元）	217.21	121.77
变动成本总值（亿元）	155.32	89.29
市场总值（亿元）	483.02	188.53
市场价/变动成本（S/BD）	3.110	2.111
投资价值综合指标（BH）	11.671	8.136

表4是用2013年大盘2013年数据作出的这两个板块主要数据统计表，反映出它们在2013年年底的实际状况。如表4所示，"特定主题纪念币"的投资价值综合指标（BH值）比"特定纪念题材纪念币"高出43.45%，货币溢价因素（S/DB值）也高出47.32%。在这两个板块内部，虽然各自都有比较优秀的币种，但从总体上看，"特定主题纪念币"比"特定纪念题材纪念币"在收藏投资价值上更具优势。这就是这两个板块在经济特性上的差别。

分析这两个板块在经济特性上的不同，离不开它们各自的文化背景。可以说"特定主题纪念币"的文化内涵相对丰富，充分彰显了中国五千年文化的深厚底蕴，更容易吸引收藏投资者的目光；"特定纪念题材纪念币"中的不少项目虽说也有重大历史意义，设计雕刻也算上乘，但它们更容易受时间性影响，资金和收藏投资者关注的目光会随时间的流逝而逐渐淡化。从表4中可以看到，在市场总量上，"特定主题纪念币"占据了整个纪念币板块的70%，但收藏投资价值却高出"特定纪念题材纪念币"很多，由此再次证明数量并不是绝对的影响因素，而需求才是决定价值的最关键因素。

图 37　2012 年大盘纪念币"特定主题—特定纪念题材板块"主要综合指标分析图

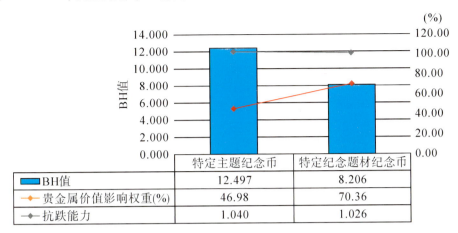

	特定主题纪念币	特定纪念题材纪念币
■BH值	12.497	8.206
◆贵金属价值影响权重(%)	46.98	70.36
◆抗跌能力	1.040	1.026

图 37 是这两个板块在 2013 年市场下跌中的表现,它们的变化规律与其他板块基本相同。

第五节　纪念币币种分析

我国贵金属纪念币的货币溢价因素除了投资价值之外,还有更加丰富的文化价值。这些文化价值主要是它们应该具有"项目主题的文化背景及历史价值"、"图案设计要素的人文及学术价值"、"币种设计雕刻的艺术及美学价值"、"设计人员的艺术风格及创作价值"以及"币种铸造加工的技术及工艺价值",这五大要素是衡量我国贵金属币文化价值的重要切入点。对一个纪念币币种的全面分析研究应将投资价值和文化价值结合起来综合考虑。

在 2012 年大盘中共有纪念币种 1 710 个。在这两年多的市场调整中,这些币种都经受了一次考验和洗礼,同时它们的收藏投资价值也经受了一次检验。经过大浪淘沙般的清洗,有些币种的收藏投资价值得到了充分体现,有的币种却黯然失色,甚至丧失了收藏投资价值的比较优势。下边将结合文化价值和投资价值这两大要素,对 1 710 个币种中的典型情况进行分析。其中投资价值指标将主要使用"收藏投资价值综合指标"(BH 值),这个指标不但考虑了某个币种的实际增值情况(即 S/L 值),同时也将全部宏观经济指标计算在内,可以充分反映一个币种收藏投资价值的比较优势。

●在 1 710 个币种中,BH 值最高的前 20 位金币名单见附表 12。从附表 12 中可以看到,这个排名顺序与 2012 年的排名相比发生了一定变化。除了"国际儿童年 1 盎司加厚金币"的冠军位置没有变化外,其他进入名单的币种发生了一定变化。这些币种主要集中在 1979—1998 年之间。在这个时间范围之外,只有一枚 2001 年"中国石窟艺术(敦煌)"5 盎司金币。从这个名单中还可以看到一个明显特征,那就是中等规格金币占据了半壁江山。另外从这些币种的文化价值看,大多具有重大历史意义或深厚的中国文化背景,设计铸造精美,深受收藏投资者喜爱。当然还有一个重要因素,就是它们的实际铸造数量相对较少。这个名单似乎可以说明,铸造数量较少、绝对价格适中以及币种的文化价值决定了它们的收藏投资价值。

图 38　1993 年"天下为公"5 盎司金币

如图 38 所示，孙中山先生"天下为公"5 盎司金币是 1993 年我国铸造发行的一款做工精湛的金币。它由上海造币厂著名工艺美术师童友明先生设计雕刻。这枚金币的人物雕刻形象丰满，气质传神，达到了较高的艺术效果，塑造了中国民主革命伟大先驱孙中山先生的不朽形象。这枚金币的公告发行量 99 枚，实际销售数量与计划相距极大。项目题材的历史意义、雕刻品质的优异出众和实际销售数量很低的优势，使这枚 5 盎司金币具备了上佳的收藏投资价值，使它进入了"20 名最佳收藏投资价值金币名单"的前列。

●在 1 710 个币种中，BH 值最高的前 20 位银币名单见附表 13。从附表 13 中可以看到，2013 年的名单与 2012 年相比，有 70% 的币种仍然屹立在收藏投资价值最优的队列里，它们全部集中在 1979—1997 年之间，项目主题的跨度相对较大，大中规格币种占据了名单主流，而且这些币种的实际铸造量都相对较小。实际上，这些银币具有较高收藏投资价值的原因与上述金币类似。不同之处是如果从 BH 值观察，我们会看到银币的 BH 值一般都高出金币很多，银币的收藏投资价值凸显。分析原因，虽然这些银币的市场价格与发行时的销售价格相比，已经高出数十倍甚至数百倍，但由于它们的绝对价格相对较低，具有这种经济承受能力的群体相对较大，在供需关系作用下，决定了它们的增值潜力较大。

图 39　1979 年"国际儿童年"喷砂版 1/2 盎司银币

如图39所示，这是1979年发行的"国际儿童年"1/2盎司喷砂版银币。它排位在"20名最具收藏投资价值银币"的前列。这枚银币除了与其他"国际儿童年金银币"具有相同的优秀品质之外，最大的特点就是它是新中国成立后，我国以1 000枚的铸造量首次发行的喷砂版银币。所谓喷砂币，就是利用不同的技术手段和方法，通过对模具表面进行喷砂处理，使钱币在压铸成形过程中产生各种不同的表面效果。"国际儿童年"1/2盎司喷砂版银币采用的是全喷砂技术，也是我国造币企业首次使用这种技术。当时为了满足市场需求，技术人员努力攻关、精心研制、反复试验，使这枚喷砂币达到了很高水平，其凝霜效果堪称佳品。虽说这枚喷砂币属普制币性质，但工艺措施不亚于精制币。由于技术上的几个第一，再加上铸造量极低，孕育了这枚银币极具收藏投资的天赋。这枚银币当时的售价每枚不足100元人民币，目前的市场交易价格在每枚3万元人民币左右，升值已达300多倍。但仅从绝对价值看，今后还有进一步增值的想象空间。

●在1 710个币种中，BH值最低的后20位金银币名单见附表14。从附表14中可以看到，与2012年相比，银币已经全部从这个名单中退出，只留下金币的身影。这些币种全部集中在1986—1989年的熊猫精制币上，其中小规格金币占据了主导地位。虽然这些币种的市场价与当时的零售价相比，也已增值了10倍以上，但由于受题材背景、铸造数量和设计风格所限，增值潜力受到压抑，特别是随着时间的流逝，在与宏观经济指标赛跑的过程中，无法与CPI、存款利率和货币贬值速度抗衡，并因此败下阵来。保值增值是扩大收藏的经济基础，不计资金成本的收藏不应该成为收藏品市场的主流。因此在贵金属币的收藏投资中，资金成本也应是考虑的因素之一。

●在2013年的市场环境中，有不少币种的收藏投资价值坚挺，也有一部分币种在震荡中进行着适度调整，当然也有少部分币种经受不起市场的考验，损失惨重。数据显示，在2013年市场价格下行过程中，扣除发行增量后，在2012年大盘中，有138个币种跌破零售指导价，占币种总数的8.07%。这些币种全部集中在2005—2012年之间，占同期发行币种总数的33.83%。其中2010—2012年又是重灾区，占到跌破零售指导价币种总数的73.91%。在这些币种中，金币占47.81%，银币占52.17%；文化类项目占43.48%，事件类项目占56.52%。由于"中国现代贵金属币信息分析系统©"是从2011年开始统计产品上市后的市场价格变动的，从可比性出发，现在仅计算2011—2012年跌破发行价币种的价格变化。从统计数据看，这些币种的零售价总值为94.75亿元，2013年年底的市场价总值为72.29亿元，两价相减市值蒸发22.46亿元。如果以高开价格计算，市值损失38.43亿元。虽然市值蒸发不等于实际资金损失，但肯定有相当一部分收藏投资者在经济上遭受了实实在在的损失。

观察这些跌破零售指导价的币种，在项目题材和贵金属材质上没有特别明显的差别，唯一显著的特征就是在2010—2012年区间内集中度较高，占到总数的73.91%。似乎可以这样解读这种现象：一方面由于当时贵金属价格不断上涨，使这些币种的零售指导价处在高位；另一方面更主要的原因是在各种利多因素作用下，2010—2012年正是上次牛市的高潮期。在这个区间，市场盈利预期膨胀，赚钱效应明显，带动大量投机资金涌入，与此同时按资金规模计算的新品供应总量连创新高，形成市场虚假繁荣的假象。实际上我国贵金属纪念币市场发展的基础比较薄弱，特别是收藏投资群体的规模不稳定，新品消化、沉淀水平不高，很多产品都在中间经营环节徘徊。一旦外部环境发生较大变化，投机资金外撤后，市场真实的供需差距凸显，发行量过大的问题就开始暴露，特别是在贵金属价格带动下，这些次新品价格大幅下挫就会是必然事件。分析结论证明，时间和稳定发展的收藏投资决定价值，投机只决定价格波动，唯有不断发展扩大收藏投资群体，才有可能从根本上提升我国现代贵金属币的市场价值。

第六节　要点提示

●2013 年我国贵金属币大盘发行存量（即 2012 年大盘）在市场调整中经受了检验。

到 2013 年年底，2012 年大盘的总市值由 2012 年的 1 409.85 亿元下降为 1 101.17 亿元，下降幅度 21.89%。其中贵金属价格影响权重（GQZ 值）占 72.81%，货币溢价因素影响权重（HQZ 值）占 27.19%。

在 2012 年大盘中，投资币市场价总值由 2012 年的 608.75 亿元下降为 469.38 亿元，下降幅度 22.89%，大于 2012 年大盘平均下跌幅度。其中贵金属价格影响权重（GQZ 值）占 95.75%，货币溢价因素影响权重（HQZ 值）占 4.25%。

在 2012 年大盘中，纪念币市场价总值由 2012 年的 801.10 亿元下降为 631.79 亿元，下降幅度 21.13%。其中贵金属价格影响权重（GQZ 值）占 53.93%，货币溢价因素影响权重（HQZ 值）占 46.07%。

在 2012 年大盘中，"老精稀"板块市场价总值由 2012 年的 163.20 亿元下降为 127.89 亿元，下降幅度 21.64%。其中贵金属价格影响权重（GQZ 值）占 30.86%，货币溢价因素影响权重（HQZ 值）占 69.14%。"老精稀"板块是这次两年多市场调整中的重灾区。

2013 年贵金属价格大幅下挫，对不同币种和板块的影响是不同的。其中投资币与贵金属价格密切相关，受到的影响很大；纪念币与贵金属价格的相关性有所减弱，受到的影响相对较小；对"老精稀"板块来说，2013 年市场价格的下行主要受到货币溢价因素的影响。但从宏观角度观察，贵金属价格变动，不但对整个贵金属币系统有直接影响，同时也拽动货币溢价因素降低。

由于市场价格的大幅调整，我国贵金属币收藏投资价值的比较优势也出现了一定变化。2012 年大盘和其中的投资币、纪念币，它们的 CPI 比较值（CBZ 值）、存款利率比较值（LBZ 值），均大于 1，说明 2012 年大盘经济指标的平均值还是跑赢了同期的 CPI 和存款利率。但与货币贬值系数（HBZ 值）相比，大盘和其中的投资币已经处于小于 1 的状态，只有纪念币以极其微弱的数值处于大于 1 的水平。数据表明，我国贵金属币收藏投资价值的比较优势一方面正在受到考验，另一方面有些币种的价值已经被低估。我们应该密切关注下一步的市场动向，同时全体市场参与者也应振作精神，树立信心，深入挖掘和正确认识我国贵金属币的价值，采取力所能及的措施，阻止大盘继续下挫。

在2012年大盘中，有138个币种跌破零售指导价，占2012年大盘币种总数的8.07%，占2005—2012年发行币种总数的33.83%。这不但是一个明显的弱市信号，同时也反映出我国贵金属币市场体系中的弱点和问题。出现这种局面，不但打击了收藏投资者的积极性，同时也使增量资金不敢进入，对稳定发展市场危害极大，对此应该高度重视。

●我国的贵金属币市场就像一座大舞台，在这次市场调整中，不同板块、不同币种的贵金属币就像一批不同角色的演员，在这个舞台上进行着表演。有的演员神态自若，风采犹存；有的演员声泪俱下，悲情显露；当然还有很多币种更像群众演员，跟随着场景变幻，担当着串场和陪衬的角色。实际上，这就向我们提出了一个问题：在这次市场调整的大舞台中，如何评判每个币种的表现？

评判每个币种的市场表现，首先要从它们的价值构成入手。我国贵金属币的价值由贵金属价格和货币溢价因素提供的价值共同组成，其中货币溢价因素又受到文化价值和投资价值影响。

数据显示，从总体上看，货币溢价因素与贵金属币的经济属性密切相关。由于投资币市场价值的主要成分是贵金属价格，因此极易受到贵金属价格变动产生的系统性风险影响。而对于纪念币来说，货币溢价因素对它的影响程度就显得更加重要。另外从纪念币的内部结构看，由于文化特性差异，"特定主题纪念币"与"特定纪念题材纪念币"也存在一定区别，从总体上看前者的货币溢价因素高于后者。这次大规模的市场调整基本上可以分为两个阶段：第一个阶段是2011年8月至2013年3月，贵金属价格还没有出现重大转变，这个阶段市场价格的下跌，主要是货币溢价因素在起作用，对纪念币影响较大。2003年4月至2013年年底是第二个阶段，在这个阶段，贵金属价格出现重大逆转，货币溢价因素较低的币种和板块继续受到重创。由此可见，虽然从表面上看，所有币种都在经历调整，但在不同阶段，各自的内在诱发原因和程度都有所不同。

数据显示，贵金属币的抗跌系数与货币溢价因素密切相关。货币溢价因素越高，抗跌系数越差。抗跌系数指标（NLZ值）是一个相对数据，它是用某个板块或币种的下跌幅度与大盘的平均下跌幅度进行比较。货币溢价因素与抗跌系数负相关的事实说明，货币溢价因素越高，内部存在的价格泡沫可能就越大，在下跌过程中，下跌的强度也就越大。人们通常所说的"涨得越高、跌得越狠"就是这个道理。在这里需要强调的是，不能把"抗跌系数"作为评判收藏投资价值的主要标准。事实上，有不少抗跌能力较强的板块或币种，反映的是货币溢价因素较低，甚至有的板块或币种已经到了紧贴贵金属价格和跌无可跌的程度。因此抗跌系数指标只能提醒收藏投资者注意，在牛市中要防范价格泡沫和价值高估的系统性风险。如果无理性地盲目追高，就会在大盘下跌的过程中遭受更大损失。

数据显示，虽然经济属性从总体上决定了不同币种的货币溢价因素，但它们内部也会发生变化，甚至形成较大差异。例如，我国从 1982 年以来发行的 169 枚投资金币中，由于受到当时实际铸造量、至今存世量以及其他因素影响，已有不少币种开始向收藏属性转化，它们的收藏投资价值指标不但跑赢大盘平均值，同时也优于很多其他纪念币品种。因此我们应该从收藏角度重视投资币中的某些币种，特别是注意挖掘早期发行或铸造数量相对较少的投资币的收藏价值，在收藏投资中获益。同理，在货币溢价因素普遍较高的纪念币中，也有一些币种，它们的货币溢价因素长期在贵金属价格之上很低的水平徘徊，其经济属性已可归入投资币之列。对此，我们也应有所认识。

数据显示，贵金属币的文化价值是永恒的，而且是能够经受时间考验的。用衡量贵金属币文化价值的五个标准认真分析 BH 值的排序名单，我们可以清晰地看到，其中的每个币种都或多或少地与这五个要素有关。事实证明，全面提高我国贵金属币的文化价值，将会极大地提升它们的收藏投资价值，同时也能经受历史的检验。

数据显示，贵金属币的货币溢价因素还与币种的题材、规格、材质、发行量、技术特征等多种因素相关。对具体币种而言，目前普遍认为发行量对市场价格影响最大。发行量实际上就是稀缺性，而稀缺性是相对的，不是绝对的。以生肖币为例，不管在哪个时期，生肖币的发行量都是最大的，但由于这个题材深深融入中国文化，市场需求量很大，数据显示生肖币的货币溢价因素一般都好于其他题材。又例如有些大规格金币，虽然发行量不大，但绝对价值较高，使收藏投资群体受到很大局限，需求量下降，引致货币溢价因素较低。从分析数据看，银币的货币溢价因素一般高于金币，中等规格的金银币与其他规格的金银币相比，在货币溢价因素方面也更具优势，分析其原因，也与稀缺性有关。研究显示，在题材、材质、规格等条件相似的情况下，发行量才能起到重要作用。实际上，影响某一板块或币种货币溢价因素的机理非常复杂，既有很多已知因素，也包含不少很难提前预知的偶发因素，很难概括出包罗万象的一般规律和永恒真理，这也正是探寻收藏投资价值的乐趣所在。上边只是根据统计数据梳理出的几条粗浅的分析结论，收藏投资者主要应该根据个人不同的文化背景、收藏理念、价值取向、心理素质、经验教训和经济实力去探索其中的奥秘。

数据显示，收藏投资贵金属币还要充分考虑资金成本。实际上有一些币种目前的市场价与当时的零售价相比，也增值了不少，但由于受到各种条件所限，增值潜力受到压抑，特别是随着时间的流逝，在与宏观经济指标赛跑的过程中，无法与 CPI、存款利率和货币贬值速度抗衡。保值增值是扩大收藏的经济基础，不计资金成本的收藏应该不是收藏品市场的主流。注重资金成本和效率，也是进行收藏投资时需要慎重考虑的问题。

●我国贵金属币市场已经经受了两年多的风雨洗礼，全体市场参与者在这次市场起伏的历练中经受着考验。我们应该相信，在没有做空机制的条件下，没有任何市场参与者愿意看到这样的局面。实际上，这次市场调整完全是在外部环境和内部因素双重作用下必然要发生的事件，不以主观意志为转移。应该说，这次调整是正常的市场规律在发生作用，是对上一波牛市行情的修正和挤压市场泡沫的过程。如何正确认识这次市场调整，对今后的长远发展具有重要意义。

图40 贵金属纪念币市场价格波动趋势分析图

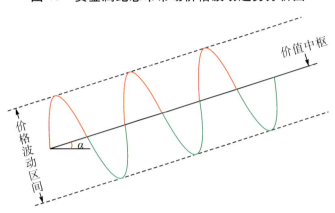

如图 40 所示，我国的贵金属币市场已经出现过几次较大的周期性波动。虽然每次调整的诱发原因都有所不同，但经过调整后，整个市场的价值中枢都在不断提升，从一个更长的时间跨度观察，收藏投资价值呈螺旋式上升将是总体发展趋势。因而面对市场调整，要对我国贵金属币市场的长期发展保持希望、树立信心、坚定信念，不能盲目悲观、怨天尤人、无所作为。

当然，市场回暖不会自然发生，是有条件的。这个条件主要是外部环境和内部因素。虽然我们无法改变外部环境，但我们可以采取措施调整内部因素。

在这次市场调整中，实际上已经充分暴露出在我国贵金属币市场体系中引发市场波动、制约健康发展的一些深层次矛盾和问题，如何正视这些问题，采取措施解决这些问题，正是重新启动市场的内部前提条件。回顾前几次的市场起伏过程，每一次重新启动都伴随着重大改革措施出台。我们应该审时度势，认真总结经验和教训，用改革调整的实际行动，改善市场的生态环境，为市场回暖创造必要的基础和条件。

对广大收藏投资者来说，也要充分认识市场发展规律：没有只涨不跌的市场，也不存在只跌不涨的市场。从长远发展来看，对于广大收藏投资者来说，目前应该是相对较好的建仓时机。可以肯定地说，现在开始做多，比牛市时疯狂跟进的风险要小很多。广大收藏投资者要深入研究，做好功课，努力挖掘收藏投资价值优异的币种，认真筛选自己喜爱的具有收藏投资价值的精品，在合适价位果断买入，在快乐收藏中获益。

第四章　当前市场关注的主要热点及分析

2013 年，我国贵金属币市场在痛苦中煎熬，一级市场和二级市场的参与者经受着洗礼和考验。面对弱市，人们还在努力探索，积极推进市场发展。在这一年中，2012 年的某些热点依然延续，同时又有一些新的热点显现。这些热点主要包括普制熊猫金币回购问题、黄山币经销模式问题、二级市场交易模式创新问题、钱币评级问题以及收藏和消费结构变化问题。这些热点对市场健康发展有一定影响，值得关注。

第一节　普制熊猫金币回购问题

我国的熊猫普制金币从 1982 年开始铸造发行，至今已经走过 32 年历程。截至 2013 年年底，已经铸造发行 169 个币种（其中包括 10 个官方版别），总重量 479.46 万盎司。普制熊猫金币是我国投资币家族中最重要的组成部分，同时也在整个中国贵金属币中占有举足轻重的位置，按发行规模计算目前已经占到金币发行总重量的 66.31%，成为中国金币最重要的形象代表。由于中国熊猫普制金币具有独特风格，因此它不仅深受国内收藏投资者喜爱，同时也在国际投资金币市场享有盛誉。

所谓投资金币，顾名思义，就是一种以国家形象出现，以贵金属为载体，主要用于贵金属投资的黄金商品。长期以来，由于众所周知的原因，我国普制熊猫金币的回购业务一直没有条件大规模顺畅开展，因此制约了它的更快发展。

为了扫除相关障碍，经国务院批准，2013 年 1 月 18 日，财政部、国家税务总局发布了《关于熊猫普制金币免征增值税政策的通知》（财税〔2012〕97 号），决定自 2012 年 1 月 1 日起，免征五种特定规格熊猫普制金币的增值税。这项重大政策的出台，不仅为普制熊猫金币大规模回购提供了政策和税制保证，同时也为加快中国金币事业发展提供了重要的契机和条件，成为市场关注的热点。

笔者相信，国务院出台这项重大政策绝不仅仅是为了提高普制熊猫金币的销售业绩，而应有更加重大的战略考虑和政策导向。首先，黄金作为一种重要的战略物资，在国际政治和经济占有重要位置，它不但可以提高一个国家在国际事务中的话语权，同时也可以抵御政治和经济风险，因此一个国家黄金储备的多寡就成为体现经济实力的标准之一。一个国家的黄金储备可分为官方储备和民间储备，所谓民间储备就是藏金于民。当然民间储备黄金的形式很多，但官方铸币更能代表国家意志和形象，因此在民间的黄金储备中应该发挥更大作用。另外从发展中国金币事业的角度分析，由于熊猫普制金币在中国金币中占有举足轻重的位置，如果能够利用好国家政策，不但可以积极落实藏金于民政策，同时也可以大大提高普制熊猫金币的销量，进而提升中国金币在整个社会中的影响力和地位，推动金币事业发展。通过以上分析我们可以看到，不管是从整个国家战略导向出发，还是从发展中国金币事业的局部需要出发，积极推进普制熊猫金币的回购业务都已经成为当前促进中国金币事业发展的头等大事。

国务院的优惠政策于 2013 年 1 月出台后，经过近 8 个月时间准备，熊猫普制金币回购试点业务已于 9 月 17 日开始在上海、北京和深圳三家零售中心展开。有关资料显示，截至 2013 年年底，三个零售中心仅回购普制熊猫金币 4 套，回购效果较差。虽然 2013 年版普制熊猫金币的销售重量与 2012 年版相比提高了 8.53%，但这与是否开展回购业务无关，而是其他市场因素的反映。

分析 2013 年熊猫普制金币回购业务的开展，当然政策出台后必要的方案设计和准备工作必不可少，网点布局也需要一个过程，进展速度不快完全在情理之中，但从目前已经出台的回购试点方案分析，回购差价率偏高也应该是其业绩较差的原因之一。

5 种普制熊猫金币回购差价率的对比分析见附表 15。如附表 15 所示，在目前实施的回购试点方案中，回购差价率分别高于香港市场同类商品的 5~14 倍，与国际惯例差距较大；与国内市场投资金条相比，高于国内中金金条的回购差价率一定幅度；与此同时也低于国内民间市场同种金币的收购价格。

作为一种投资型金币，由于发行量巨大，从整体来看投资者几乎很难在货币溢价因素中获益。实际上它的投资价值与其他实物黄金类似，就是在黄金价格的波动中争取收益。从这个基本原理出发，要求普制熊猫金币与其他同类实物黄金商品相比在买卖差价上具有比较优势；同时买卖差价的设计要有利于投资者在黄金价格的波动中减少风险，并有机会在低买高卖的套利操作中获利。由此看来，目前试点的回购方案还存在一些不足，一是与国际惯例差距较大，与国内同类商品相比缺乏竞争力；二是买卖差价率的厘定不利于投资者套利获益、规避风险。举例来说，虽然 2013 年黄金价格下跌猛烈，但在区间内还是存在不少反弹和回调的机会，如果我们能够配套一个买卖差价率较低的方案，肯定会减少一部分购买者的风险甚至能有获利。

2013 年我国实物黄金市场销售规模上升速度很快，据中国黄金协会统计，2013 年已经突破 1 000 吨重要关口，达到 1 176.4 吨。其中实物金条消费 375.73 吨，与 2012 年相比上升 56.57%。在 2013 年项目中，我国官方铸币用金 19.9 吨（其中投资金币 14.3 吨、纪念金币 5.6 吨），占整个实物金条销售量的 5.30%。这个数据说明我国投资金币市场发展的潜力巨大。即使是将 2014 年的计划全部实现，熊猫普制金币的用金量也才 48.8 吨。如果经过几年努力能够达到每年 300 万盎司的销量规模，年用金量为 93.3 吨，市场发展的空间也仍然存在。

藏金于民是国家的发展战略，我国实物黄金市场发展的潜力巨大。特别是熊猫普制金币代表国家信用，完全有优势与其他投资类黄金实物商品展开竞争。我们相信，为认真贯彻国务院精神，经过试点后一定会推出一套更符合投资商品特性和更具竞争力的普制熊猫金币回购方案，为加快中国金币事业的发展提供强大动力。

第二节　黄山币经销模式问题

●按照中央银行 2013 年贵金属币发行计划，2013 年 8 月 8 日，"世界遗产黄山金银纪念币"（简称黄山币）如期发行。这个纪念币项目共有 8 个币种，其中计划发行 1 千克金币 200 枚，5 盎司金币 1 000 枚，1 千克银币 5 000 枚，1/4 盎司金币 30 000 枚，4 枚套装 1 盎司银币各 50 000 枚。到目前为止的实际铸造量为 70%。与相同币种 1979—2012 年零售指导价与贵金属成本之间的溢价率（L/BB 值）平均值相比，1 千克金币高出 6.71%，5 盎司金币高出 14.20%，1 千克银币高出 19.21%，1/4 盎司金币高出 2.26%，1 盎司银币高出 15.24%。

这个纪念币项目在经销过程中采用了全新的所谓"做市商"模式，即指定两家特许经销商为"做市商"，在"做市商"交纳相应保证金后，将该项目接近实际铸造量 46% 的配额交由"做市商"负责销售，其余配额分配给经销系统中其他的经销商。"做市"期限 3 个月，在 3 个月期限内，所有经销商不得低于但可高于零售指导价销售，金币的上调幅度为 10%，银币上调幅度为 20%。在该期限内，当其他经销商遇到销售困难时，"做市商"有义务按零售指导价负责收购。3 个月后价格放开，随行就市。在"做市"期间，所有参与经销的商户必须严格执行规定，如有违反，一经查实，严肃处理。

在黄山币开始发售前，市场对这个项目普遍比较悲观，不看好这个项目的市场表现。但在新的经销模式下，这个项目的实际表现是，只有"1/4 盎司金币与 4 枚 1 盎司银币组合的套装币"在极短时间内跌破过零售指导价，其他币种均在零售指导价之上走动；"做市"三个月结束时，除上边所讲的套装币与零售指导价持平外，其他币种的市场交易价格均在零售指导价上方；年底时，这些币种的价格不但没有下跌，反而还有小幅上扬。在 2013 年 10 个纪念币项目中，只有三个项目总体上没有跌破零售指导价，黄山币就是其中之一。

●由于黄山币采用了新的经销模式，在市场交易价格上达到了预期效果，因此引起市场的关注和热议。市场人士集中讨论的问题主要有：

（1）何为"做市商"制度？黄山币的经销方式是否为"做市商"？这种经销方式是否符合市场经济规律？是否具备法律支撑？

（2）黄山币的市场表现与这种经销模式有何直接联系？如果存在直接因果关系，那么是否可以认为目前普遍实行的经销模式存在问题？如果现行经销模式有问题，那么到底是什么问题？

（3）如果目前普遍实行的经销模式没有大的问题，那么造成其他项目表现好坏不一的原因又是什么？

（4）通过黄山币经销模式的实验，可以引起我们对哪些问题的反思？今后我国贵金属纪念币的经销模式应该如何改革？

以上四个问题错综复杂，相互交织缠绕，互相博弈，很难从中梳理出一个清晰结论。同时，如何正确分析和回答这些问题，对发展和完善我国贵金属纪念币的销售体系又至关重要。

实质上，以上四个问题的核心问题是价格问题，即：我国贵金属纪念币一级市场的价格应该如何制定，二级市场的价格应该如何形成，两个市场存在的价差应该怎样处理和对待。

首先应该明确我国贵金属纪念币零售指导价的性质。按照《中华人民共和国价格法》，将国内进入流通领域的商品价格分类为政府定价、政府指导价和企业自主定价。由于贵金属纪念币是以贵金属为载体，用于收藏投资的商品，与国计民生没有直接关系，进入政府定价或政府指导价范畴有违市场规律，也缺乏法律依据。但贵金属纪念币的发行主要使用的又是国家行政资源，如果在垄断经营条件下完全由企业自主定价也会出现企业利益与社会公众利益相互冲突的情况。根据我国贵金属币的基本性质，笔者认为贵金属纪念币零售指导价的性质应该是在政府相关部门监管下的企业自主定价。即我国贵金属纪念币的定价原则应由相关主管部门批准，并监督企业实施。实际上某一具体贵金属纪念币的价格高低没有绝对标准，只要程序合法，符合市场需求，就是合理的。

由于贵金属纪念币最基本的属性是艺术收藏品，它们一旦进入二级市场，则价格的形成完全应由市场供需关系决定，无须进行行政干预。

在贵金属纪念币面对公众销售时，一级市场的零售指导价与二级市场的价格预期不可能完全吻合，一定会出现或高或低的情况，这就出现了一个应该如何对待和处理价差的问题。由于我国的贵金属纪念币属于政府行政资源类商品，每个有意购买的消费者都有权利在公开、公平、公正和透明的销售原则下获得一手价格的产品，当二级市场价格预期高于零售指导价时，一级市场的经销体系不应随行就市提高价格销售，获取超额利润、提前透支消费者应得的收藏投资回报；当二级市场价格预期低于零售指导价时，它主要反映的是项目整体方案的设计问题和定价原则的调整问题，此时不宜违反市场规律，通过资源垄断和建立价格联盟的方式干预二级市场的价格预期。如果一定要对低于零售指导价的销售行为做出限制，就应该配套提出经销体系风险敞口的整体解决方案。这应该是贵金属纪念币在一级市场面对公众销售的基本原则。

●所谓做市商制度是一种商品市场的交易制度。它由具备一定实力和信誉的法人充当做市商，不断地向投资者提供买卖价格，并按其提供的价格接受投资者的买卖要求，以自有资金和实物库存与投资者进行交易，为市场提供流动性，并通过买卖价差实现一定利润。做市商制度在市场经济发达的市场体系中已经是一种成熟的制度。实践证明，做市商不是庄家，它一方面可以在市场中实现连续交易，同时也可以在市场出现暴涨暴跌时参与做市，从而有效地遏制过度投机，在整个市场中起到稳定平衡作用。

用我国贵金属纪念币的基本属性衡量，黄山币在一级销售市场采用的经销方式不属于"做市商"范畴，实际上是一种利用垄断地位操控市场价格的行为，有违市场规律，是否具备法律支撑也需商榷。

● 从黄山币实施的销售方案看，面对市场弱势，降低实际发行数量是完全正确的，但零售指导价的 L/BB 值没有跟随市场下降就有待商榷。黄山币采用新的销售模式从形式上看达到了预期效果，但这种销售模式主要考虑的是经营者的利益，而没有结合当前市场状况，全面兼顾收藏投资者的利益。因此黄山币的经销模式不具有示范性，同时也显示出在定价机制上存在的缺陷和问题。另外，黄山币的市场表现还需更长的时间考验。

● 在现有的传统经销模式下，2013 年贵金属纪念币的市场表现有好有坏，主要原因不在于经销模式，而在于市场需求与供给是否平衡，而且这种供需关系平衡在不同项目上的反映是有差异的。对某一个具体项目来说，当需求大于供给时，市场价格必然坚挺；当供给大于需求时，市场价格必然下跌。因此对那些市场表现不尽如人意的项目，主要应从发行方案上寻找原因，总结经验和教训。

● 从时代发展的视角观察，现有贵金属纪念币的传统销售模式确实存在缺陷和不足。其中最主要的问题是，在现有经销环境和利益驱使下，经销体系中的一些商户，不但利用市场差价高价销售、获取不当利益，而且在市场低迷时也低价抛货，造成市场恐慌。对于这些商户来说，追求利润和规避风险都是正常反应，问题的关键是在这种现象背后有着更为复杂的成因和背景。因而在垄断经营的条件下，如何完善价格形成机制以及如何改革经销体系、改善经销环境就显得更加重要。

● "做市商"制度是一种比较成熟的市场制度，它可以在市场中实现连续交易，同时也可以在市场出现暴涨暴跌时参与做市，从而有效遏制过度投机，在整个市场中起到稳定平衡作用。面对当前市场弱势，从收藏投资者利益出发，如果能够积极引导有实力、守信誉的经营者，在已经完全进入二级市场的产品中，选择合适的项目或币种（例如第 29 届奥运会纪念币项目），用规范的"做市商"方式进行操作，将有可能在稳定市场方面发挥一定作用。

第三节　二级市场交易模式创新问题

二级市场是我国贵金属币市场体系中极其重要的组成部分，充分发挥着市场扩散功能、价值定位功能、价值发现功能和存量调蓄功能，已成为连接市场参与者的重要纽带和最敏感的信息传播中心。

贵金属币的价值转换主要通过二级市场的交易实现，没有二级市场的交易效率，就没有整个市场的活跃与发展。多年来，我国贵金属币的市场交易活跃度一直存在较大问题，"成交不畅"和"成交困难"一直困扰着广大收藏投资群体，这不但与收藏品的特性有关，也与市场发育程度不高有关。如何不断提高我国贵金属币市场的交易效率，将是一个长期的课题。

●在2013年市场的大幅度调整中，二级市场的经营者面对弱市，努力奋进，在艰难中不断探索创新，出现了很多积极的变化和新生事物，其中一个最显著的变化就是线上交易和网络拍卖正以较快速度发展。2013年我国贵金属币拍卖的交易总额不少于2.78亿元（2013年贵金属币拍卖交易汇总见附表16），其中网络拍卖的份额已经处于绝对优势，为2.23亿元，占80.24%。因此可以说，在信息技术不断发展的今天，传统交易模式很有可能会被逐渐弱化，线上交易或将变为今后市场交易模式的主流。

●2013年10月21日，南京文化艺术产权交易所钱币邮票交易中心（简称南京文交所）开始线上交易。我国贵金属币有六个币种作为第一批商品上线交易。截至2013年年底，在线交易的币种已有10个，累计交易金额约4.02亿元。

南京文交所的出现，不仅在国内钱币市场诞生出一种全新交易模式，同时在国际钱币市场也是首创，它的出现立即引起钱币界的极大关注和热议。鉴于一些长期沉寂币种上线后的交易表现，人们仿佛看到钱币市场中有可能存在的一种全新盈利模式，于是各种资本开始介入，各地钱币交易所也开始积极仿效筹建，一种新的力量已经在钱币二级市场上诞生。

由于所处的观察视角和利益不同，南京文交所一经面世就立即引起了各种观点的激烈交锋，褒贬不一。作为一种新生事物，出现各种针锋相对的评价在所难免。对于一种全新交易模式，在上线交易时间不长的情况下，就立即判断它的优劣好坏也为时尚早。它的生命力到底如何，前行的道路到底能有多远，还需要更长时间检验。尽管如此，由于任何事物都有一些基本规律，我们透过这些基本规律还是应该可以看出一些端倪。

首先，从目前南京文交所上线交易贵金属币的一些信息看，它应该属于使用商品属性已经被弱化的贵金属币作为交易标的物，以批量持仓和标准化交易为主要特征，通过实物与资本结合，进行商业运作的一种公众交易平台。

在市场经济中，任何经济活动都以盈利为动机，它们在向社会提供使用价值时，实现自己的盈利目标。因此这种经济活动都应以实现社会利益最大化为归宿。如果一种经济活动不能促进或推动社会和经济的发展甚至伤害公众利益，就将失去生命力。根据上述原则，似乎可以提出以下几点作为分析和判断这个新生事物发展脉络的思路：

（1）作为一种独立的公众交易平台，首先要在公开、公平、公正和透明的原则下运作，交易所的资本主体不应与参与交易的个体有任何利益牵连、利益交换和利益输送。为此，交易所的股权架构和交易规则必须合法合规、公开透明，并能实现政府相关部门对其的有效监管。这是它能够存在和发展的制度基础和法律基础。一旦交易所被庄家操控或利用，成为解套、套利甚至圈钱的工具，那么它的生存基础也将会消失。

（2）我国的贵金属币本质上是一种艺术收藏品，它的市场价值首先来源于自身的商品属性，并随着收藏投资群体扩大后产生的供需差别而产生。大量事实已经证明，稳定扩大的收藏投资群体才决定价值，投机炒作只影响价格波动。但是市场经济是复杂的，没有任何人能够否定资本的力量和适度投机的作用。因此问题的关键并不在于贵金属币的真实商品属性是否已在交易所被弱化，而是通过这种商业运作模式能否吸引增量资金进入市场、扩大收藏投资群体，进而从总体上提升贵金属币的收藏投资价值。如果不能发挥这种作用，这种无商品属性化的投机炒作，也只能是一种零和的金钱游戏。其次，与股票市场不同，由于这种交易模式不可能囊括全部的市场交易活动，甚至仅可能是其中的一小部分，因此场内的交易价格可能并不代表场外的市场状况。如果场内的交易效应能够辐射并带动场外的市场发展，对整个钱币市场肯定是利好的。如果不能起到这种作用，那就只能是一种自娱自乐的场内游戏。最后，如果在某种贵金属币中，假定其中有很大一部分没有被市场较好地消化和沉淀，只是不断地在商家手中作为赚钱筹码倒来倒去，从收藏产品的价值形成规律看，是否能够接受时间的检验也值得思考。以上所述归结到一点：贵金属币不只是投机赚钱的工具，它更是一种艺术收藏品。只要任何商业活动有利于这种艺术收藏品的市场发展，它就会有强大的市场生命力；反之，就不会有大的发展潜力。

（3）市场参与者必须牢记，任何市场交易活动都是有风险的，南京文交所也不例外。由于这是一种新生事物，缺乏经验和历练，因此一定存在制度风险、道德风险和监管风险。特别是，目前的交易模式只能单向操作，缺乏做空机制，就好像一种击鼓传花的游戏，同时也较难避免做庄炒作和对敲互倒，一旦价值被高估，最后的接棒者将会蒙受经济损失，此时唯一的希望就是有新的盲目者继续接棒，如此往复，将使风险不断积累，直至泡沫最后破裂，造成不稳定事件。前几年这种类似事情就曾经在个别文交所发生，值得参与者关注。

二级市场是我国贵金属币整个市场中的重要组成部分。从不断发展整个市场的大局出发，二级市场交易模式创新极其重要。广大市场参与者一定希望南京文交所不断总结经验，加强基础制度和法制建设，完善交易机制，不断扩大与整个市场的融合与互动，以保护收藏投资者利益为首务，注意防控和降低交易风险，在实现自己盈利目标的同时，使这种全新交易模式带动整个贵金属币市场的活跃与发展。

第四节　钱币评级问题

自从2009年1月美国的"70分评级标准"和评级服务正式登陆中国后，钱币评级概念和业务在国内迅速升温和扩大。特别是2013年以来，国外两家最大的评级公司已经全部落地中国。而且国内独资评级公司业已应运而生，不断进入市场。与此同时，还有多家不同背景的评级公司正在筹备建立之中，一家以国资为背景的评级公司已经挂牌成立，将用 100 分评级标准为市场服务。钱币评级继续成为我国钱币市场的热点之一，同时也成为商业机构竞相争夺钱币增值业务的新阵地。

从整体而言，第三方评级业务体现了钱币市场的不断成熟与进步，它在抑制假币流通、维护市场秩序、简化交易环节、降低交易成本、提高交易效率、提供标准化交易便利、活跃钱币市场等方面可起到积极作用。特别是由于开展了钱币评级服务，使具有顶级品相钱币的收藏投资价值得到充分挖掘和肯定，这是评级业能够迅速扩大的市场基础。

自从钱币评级业务在国际上流行以来，一直存在几种不同认识和观点。一种观点把它视为神圣，认为不经评级的钱币就没有收藏价值并且无法完美保存；另一种观点认为，钱币评级是过度商业化对收藏本质的亵渎，有可能湮灭钱币收藏的真谛和乐趣。目前这两种观点还在继续碰撞和厮杀，而且钱币评级业务在一些国家的发展也并不顺利，原因何在，也值得思考和分析。

笔者认为，上述两种观点都有失偏颇。从评级业务的基本功能看，钱币评级主要是解决交易效率问题，与收藏本身没有本质联系。它只是在钱币交易中为评判钱币品相提供了一种标准和方法，这种标准和方法本身并不能提升钱币品相。因此可以明确地说，钱币品相主要依靠铸造水平支撑，后期的科学保管可以维持品相的稳定性，而不是评级评出来的。在市场实践中，钱币的交易价格与实实在在的品相有关，而与是否参与评级无关。

因此，我们应该正确认识钱币评级的功能，不能盲目夸大它的作用；同时避免出现过度的商业化炒作，误导钱币收藏形式的畸形发展。其中要特别防止非理性的商业竞争，人为操控和降低评级标准，伤及评级业务的初衷，最终在过热和混乱中葬送这个评级市场。实际上，由于掌握标准的尺度可能存在差异，目前不同评级公司的评级结果已经开始出现争议，盒子上标注的等级数字可能已经不是判定品相的唯一依据。另外广大收藏投资者还要清醒地认识到，任何物质状态都是在不断运动的，不变是相对的，变化是绝对的，评级结果也具有时效性。一枚经过评级的品相完好的钱币，如果保管不当或时间久远后，其品质也会发生变化。钱币装在评级盒子内并不等于处在与世隔绝的真空状态，不可能一劳永逸。

当然，完全否定钱币评级业务的观点也是片面的。实际上钱币评级服务已经在市场交易中发挥了重要作用，具备了一定的市场基础和生存空间，这种客观存在无法否定。问题的关键是钱币评级业务应该良性、有序发展，实现多种收藏形式的共融互进，促进钱币市场健康发展。

关于钱币品相对收藏投资价值的实际影响，笔者基于多年积累的数据，对贵金属币品相与市场交易价格之间的关系进行了初步试探性定量统计分析，分析结果分别见图 41 和图 42。

图 41　金银币品相"同比价差率平均值"状态分布

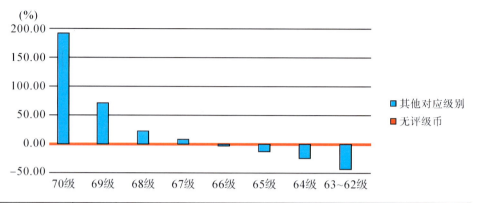

品相等级	70级	69级	68级	67级	无评级	66级	65级	64级	63~62级
同比价差幅度平均值	2.93	1.70	1.22	1.08	1.00	0.95	0.86	0.74	0.54
同比价差率平均值	193.00	70.27	21.82	8.09	0.00	-5.00	-14.18	-25.82	-46.09

图 42　金银币品相"环比价差率平均值"状态分布

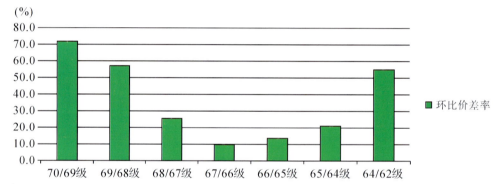

品相等级	70级/69级	69级/68级	68级/67级	67级/66级	66级/65级	65级/64级	64级/62级
同比价差幅度平均值	1.719	1.566	1.251	1.091	1.13	1.209	1.546
同比价差率平均值	71.9	56.6	25.1	9.1	13.0	20.9	54.6

　　在这里需要特别说明的是，目前广泛流行的"70分钱币评级"只是评价钱币品相的方法之一。本计算的根本目的是使用定量分析方法，用数据反映钱币品相对收藏投资价值的影响，对"70分钱币评级"这种标准和方法没有特别的喜爱或厌恶，因此这个分析结果仅供参考，不希望给收藏投资者造成任何不利于自己独立判断的双向误导。

　　从初步定量分析的结果中可以明显看到，贵金属币品相与交易价格有清晰的因果关系，顶级品相的贵金属币与品相存在较大瑕疵者相比，市场交易价格肯定存在较大差距。而这种差距形成的影响，有时不亚于对收藏投资币种的选择。

　　综上所述，贵金属币是以货币形式出现的艺术收藏品，其收藏投资价值与自身的品相密切相关。我们的造币企业要努力为广大收藏爱好者奉献品质不断提高的艺术精品。第三方评级机构要在统一科学的标准支撑下，通过公正诚信经营和良性竞争为市场交易服务。收藏爱好者要在观赏、把玩和研究过程中精心爱护好保管好自己的藏品，在快乐收藏中实现较高的投资价值。

第五节　贵金属币的收藏及消费结构问题

自 2011 年 8 月我国贵金属币市场开始出现调整以来，原有的资金潮涌、人声鼎沸的局面逐渐消失，剩下的是资金匮乏、人气低落的市场场景。过去积极参与市场的资金和人潮都去了哪里，我国贵金属币的收藏及消费结构到底怎样，已经成为市场关注的热点。

目前笔者尚未看到专门针对我国贵金属币人员数量、人员结构、消费结构、消费取向和消费心理的专题市场调查报告，但这对进行市场研究又是十分重要和不可缺少的。因此目前仅能根据其他相关研究成果，对这个问题进行试探性分析。鉴于我国的贵金属币本质上是一种艺术收藏品，下边的分析将主要根据文化部文化市场司主编的《中国艺术品市场年度报告（2012）》和《金融博览·财富》杂志联合数字 100 市场研究公司研究成果提供的数据进行。其中特别是对我国贵金属币收藏及消费群体的分析，由于缺少直接的调查数据，目前只能根据笔者对市场的了解与认识进行。

●市场份额：由于没有看到关于全国艺术品市场整体消费规模的完整数据，目前只能利用拍卖市场份额方面的资料，从一个侧面间接观察这方面的情况。虽然实际上拍卖数据不能代表全部的市场规模，但它可以在某种程度上说明问题。

图 43　2012 年全国艺术收藏品市场拍卖额组成结构分布图

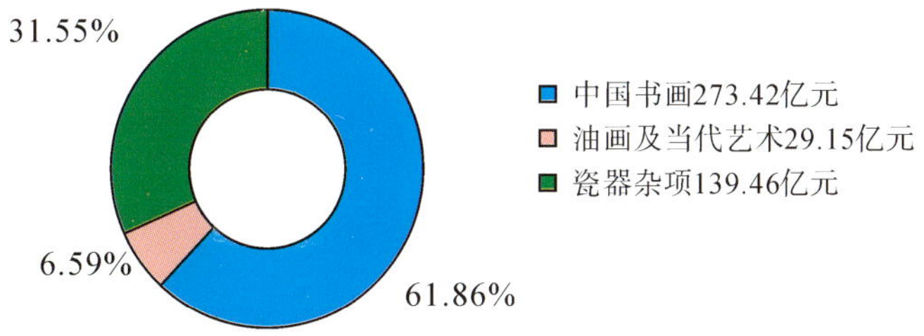

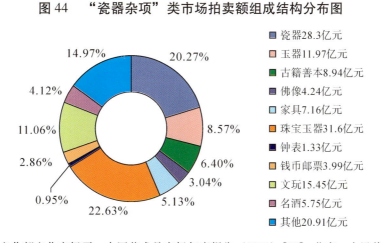

31.55%

- 中国书画273.42亿元
- 油画及当代艺术29.15亿元
- 瓷器杂项139.46亿元

6.59%

61.86%

［数据来源］文化部文化市场司. 中国艺术品市场年度报告（2012）［M］. 北京：人民美术出版社，2013.

图 44　"瓷器杂项"类市场拍卖额组成结构分布图

14.97%　　20.27%

4.12%

11.06%　　　　8.57%

2.86%　　　　6.40%

0.95%　　　3.04%

22.63%　5.13%

- 瓷器28.3亿元
- 玉器11.97亿元
- 古籍善本8.94亿元
- 佛像4.24亿元
- 家具7.16亿元
- 珠宝玉器31.6亿元
- 钟表1.33亿元
- 钱币邮票3.99亿元
- 文玩15.45亿元
- 名酒5.75亿元
- 其他20.91亿元

［数据来源］文化部文化市场司. 中国艺术品市场年度报告（2012）［M］. 北京：人民美术出版社，2013.

如图 43 所示，2012 年全国艺术品拍卖总额是 442.03 亿元，其中钱币邮票被包括在瓷器杂项类之中，而瓷器杂项类占拍卖总额的 31.55%。如图 44 所示，钱币邮票类拍卖总额占瓷器杂项类的 2.86%。按此推算，钱币邮票类占全国艺术品拍卖总额的 0.90%。众所周知，在钱币邮票类之中还有邮票、古钱币、机制币、纸钞、流通纪念币和现代金银纪念币等几个小类，如果按比较乐观的数据估算（即现代金银币占其中的 60%），现代金银币仅占全国艺术品拍卖总额的 0.54%。这个数据说明，我国贵金属币在全国艺术品市场中的资金关注度和市场关注度非常有限，基本上是一个小众市场，还没有引起收藏界的普遍注意。

●消费结构：消费结构主要是指在艺术品消费中，财富人群消费意向的结构状况。

图 45　财富人群收藏意愿分布图

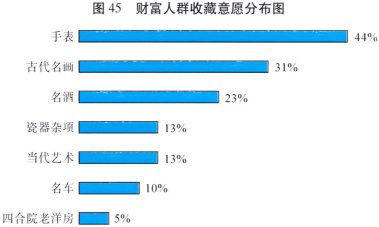

［数据来源］文化部文化市场司．中国艺术品市场年度报告（2012）［M］．北京：人民美术出版社，2013.

图 46　钱币类收藏品收藏意愿分布图

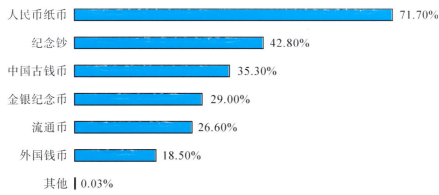

［数据来源］数字 100 市场研究公司．中国人钱币收藏情况调查［J］．金融博览·财富，2013（3）.

如图 45 所示，在全国财富人群中，有 64% 喜欢收藏。在这些喜欢收藏的人群中，最引人关注的是手表、古代名画和酒类，瓷器杂项仅占到 13%。虽然没有数据支持，但将瓷器杂项的份额细分后，我国贵金属币所能占到的份额是可以想象的。如图 46 所示，在钱币收藏方向中，收藏意愿最高的是人民币纸币，现代金银币只占到

29.00%。这些数据连同上边的数据说明，我国的贵金属币在目前的艺术品收藏领域并没有引起足够关注，即使在钱币收藏中也不是主流，此中的原因值得认真分析和思考。

●收藏及消费群体：我国贵金属币在全国艺术品市场上的份额十分有限。在仅有的收藏及消费份额中，目前的结构大体可以分为以下几类：

（1）博物馆收藏。注意观察的收藏者可以看到，在很多专业机构、金融机构、省市地区和民间的博物馆中，都可以看到我国贵金属币的身影，但目前这些机构馆藏的数量非常有限，不是收藏结构的主体。

（2）企业收藏。企业收藏是指使用企业资金购买的贵金属币。企业收藏主要是为了企业品牌和企业文化购买并存放在企业内用于收藏或展示的贵金属币。目前这种收藏需求已经出现，成为企业资产配置和财务安排的助手。目前这种企业收藏也不是贵金属币收藏结构的主流。

（3）私人收藏。目前，私人收藏是我国贵金属币收藏群体的重要组成部分，它的结构比较复杂，其中主要包括：

①以收藏为主要目的的群体。这是具有一定专业知识的群体，他们购买贵金属币时除了经济上的考虑之外，主要是看贵金属币的收藏鉴赏价值，较少随意进行买卖。这部分人群对贵金属币有较深的认知度，长期持之以恒，不离不弃，是整个贵金属币收藏群体中最坚定的力量，同时也可以起到示范作用。如果能积极向社会宣传和介绍这部分收藏群体，将可发挥收藏投资的引领作用。目前这部分人群在整个私人收藏群体中所占的比重较小，需要进一步发展扩大。

②相对稳定的投资收藏群体。这部分人使用一定资金购买贵金属币的主要目的首先是长期看好它们的市场增值潜力，其次才是收藏鉴赏。他们在市场中久经历练，根基扎得比较牢固，能较好地把握市场脉搏，不会轻易离场，并且在市场交易活动中不断倒仓换币，增加筹码，以藏养藏，比较活跃，是我国贵金属币个人收藏群体的主流之一，也是市场发展最重要的经济基础。

③相对不稳定的投资收藏群体。这部分群体大多是涉市不深的新人，他们最主要的特点是缺乏必要的钱币知识，对市场运行规律和风险也缺乏认识。这部分人在错误信息导向下，以赚钱赢利为目的，盲目入市。当整个市场处于牛市时，他们会大量出现，当市场处于低潮时，他们又会较快消失，是市场风险的主要承受者和最不稳定的因素。如何通过有效宣传，在这部分人群中普及钱币知识，提高其理性收藏意识，将他们转化为相对稳定的投资收藏群体，也是扩大贵金属币收藏队伍的重要工作。

（4）礼品消费群体。礼品消费群体由集团消费和个人消费两部分构成。集团消费主要使用企业资金，购买贵金属币的主要目的是为了赠送和发放礼品。在2013年以前，这种消费至少占我国贵金属币全部零售总额的50%以上，是过去几年销售去向的主体。个人礼品消费主要是指使用私人资金购买贵金属币用于赠送礼品的消费行为。中华民族是一个礼仪之邦，这部分消费经常会在人际交往中出现，是传播钱币文化的积极方式之一，值得宣传推广。在这里需要指出的是，礼品消费的受众

（包括集团礼品消费受众）有可能成为潜在的收藏群体或投资收藏群体。

（5）经营群体。经营群体主要是以盈利为目的的群体，大多以经营实体出现。他们购买贵金属币的主要目的就是赚钱。在我国贵金属币零售体系之外，有大量这样的群体存在。实际上在我国贵金属币的市场存量中，有相当一部分货源控制在他们手中。这个群体是我国钱币二级市场的经营主体，也是市场流动的"仓库"和"蓄水池"，对我国钱币市场的稳定发展关系很大。在这里需要指出的是，经营群体和收藏投资群体会发生转化，有的经营者是从收藏投资者转化而来，有些经营者也会转化为收藏投资者甚至收藏钱币的专家。

（6）投机群体：投机群体既不是投资收藏群体也不是经营群体，他们是专门针对买卖利差进行投机套利的群体，就是民间所说的"过江龙"。贵金属币在他们眼中只是左手倒右手的一种筹码，一旦见到利润就会不顾一切地投入金钱和时间，疯狂进行倒卖和套利，而当看不到利差后，就会销声匿迹，没有了踪影。这是我国贵金属币市场最不稳定的因素，而且这部分人往往可以通过某种关系或渠道搞到大量廉价货源，对市场体系的健康发展危害极大。

●收藏及消费需求变化。在外部环境和内部因素作用下，2013年我国贵金属币的收藏及消费结构出现了较大变化。首先，党中央反腐倡廉的重大举措得到全国人民的坚决拥护和支持，使贵金属币用于集团礼品消费的比例大幅度下降。再有，由于市场处于不断下行的调整阶段，套利机会大部分消失，大量投机资金外撤离场。另外，对经营群体来说，由于赢利难度加大，周转库存的数量也在下降。剩下的投资收藏者，由于增值预期减弱，出手购买的力度也在下降。因此在2013年，收藏和消费需求大幅下降，原有的资金和人群迅速消失，整个市场处在艰难的调整期。

由于集团礼品消费大幅下降，我国贵金属币市场正处在一个以集团礼品消费为主向收藏投资为主的重要转型期。如何充分发挥收藏群体的示范作用，稳定扩大投资收藏群体，积极推广个人礼品消费，注意引导博物馆收藏和企业收藏，努力调动经营群体积极性，遏制投机群体，大幅度提高贵金属币在整个艺术收藏品领域的地位和影响，已经成为扩大需求、发展市场的艰巨任务。

第五章 市场分析总结及发展对策研究

在本报告前面部分，以价值为主题对 2013 年我国贵金属币市场运行状况和主要热点问题进行了全面、深入和细致的分析。如何评价 2013 年市场运行的总体状况？从这些现状中可以总结出哪些值得思考的问题？为促使我国贵金属币市场较快回暖和持续稳定健康发展，可以采取哪些对策和措施？本章将围绕以上问题进行分析研究。

第一节 市场分析总结

● 在外部环境和内部因素双重作用下，2013 年我国贵金属币市场继续出现较大规模调整，主要表现为：

大盘的市场价总值继续下挫。2013 年市场价总值为 1 184.41 亿元，与 2012 年相比减少 225.44 亿元。如果从 2011 年市场开始调整计算，在扣除相应发行增量后，市场价总值从 1 544.71 亿元下降到 2013 年的 1 008.91 亿元，市值蒸发 535.80 亿元，下跌幅度高达 34.69%。

随着大盘下挫，我国贵金属币的收藏投资价值开始发生一定变化。在 2013 年板块中，有 44.68% 的币种跌破零售指导价，另有 31.91% 的币种跌破批发价。在 2012 年大盘中有 138 种纪念币跌破零售指导价，占同期币种总数的 8.07%。2012 年，评价收藏投资的各项相对指标还处于优势状态，但 2013 年大盘的货币贬值系数比较值（HBZ 值）已经处在小于 1 的状态，收藏投资价值的比较优势开始出现弱化迹象，特别是 2013 年板块的三项相对指标全部小于 1，收藏投资价值存疑的警报已经拉响。

面对大盘的持续下跌，2013 年纪念币的实际铸造总重量大幅下调了 27.43%，零售指导价的平均水平（L/BB 值）下调了 5.17%，连同贵金属价格下降因素，纪念币的零售价指导价总值已从 2012 年最高点的 59.91 亿元回落到 38.17 亿元，下降幅度 36.29%，从此结束了纪念币供应总量不断攀升的态势。与此同时，各方还努力开拓新的发售渠道，增加金融机构的销售比例，为扩大需求积极寻找突破点。所有这些举措为遏制大盘的进一步恶化起到了重要作用。

● 2013 年大盘继续下挫的主要原因：

从外部环境看，除了货币流动性继续紧缩的因素之外，黄金白银价格大幅下降也起到很大作用。数据显示，在 2013 年大盘发行存量中，大盘的贵金属价格影响权重（GQZ 值）占到 72.81%，其中投资币占到 95.75%，纪念币占到 53.93%。这组数据直接说明，贵金属价格变化已经对整个市场产生了全局性影响，其中投资币的市场价格更是与贵金属价格紧密相关。

从内部因素看，主要是供需关系发生了较大变化：

首先从纪念币的需求看，2013 年的市场总需求出现重大变化。其中集团礼品消费的比例大幅度下降是最主要因素。另外，由于市场不断下行，套利机会大部分消失，投机资金外撤离场也是重要因素。再者，由于增值预期减弱，收藏投资者的购买意愿下降也是不可忽视的因素。

其次从纪念币的供给方面看，按资金规模计算，虽然已经做出了一些调整，但调整力度与市场实际发生的变化相比仍显不足。一是实铸总量仍偏大，二是零售指导价没有全面下调，有违市场价值规律。2013 年板块纪念币的总体市场表现已经对此有了明确反映。

对 2013 年大盘发行存量来说，供需关系变化主要反映在货币溢价因素（S/BD 值）的变化上。扣除发行存量，2013 年纪念币的货币溢价因素与 2012 年相比减少 78.00 亿元，对市值的影响权重占到 46.07%。货币溢价因素不但是综合反映收藏投资价值的重要指标，同时也是反映供需关系的量化指标。2013 年大盘发行存量货币溢价因素的下降，直接反映出市场的收藏投资意愿减弱，抛售盘大于吸纳盘，总需求正在下降之中。

综上所述，2013 年市场的供需关系已经出现较大变化，这是内外因素相互叠加、相互渗透的结果，整个市场正处在艰难的调整阶段。

● 应该说这次市场出现的大幅度调整完全是一种正常的市场现象，是对上一波牛市行情的修正，同时也是一次全面检验我国贵金属币市场价值的实战过程。虽然说市场调整不随人们的主观愿望而转移，但是通过这次调整也暴露出市场体系中存在的一些深层次矛盾和问题。这些矛盾和问题主要体现为：

（1）市场的投机成分较大，基础不牢固。前几年市场火爆时，给人的表面印象是供不应求。在盈利预期和赚钱效应带动下，大量资金和人员介入这个市场，不但炒高了市场价格，同时也掩盖了真实的市场需求。一旦市场风云变幻，这些投机因素立即消退，暴露出市场的真实状况。作为一种艺术收藏品，我国的贵金属币占全国艺术品市场中的份额非常有限，影响力、关注度较低。即使是在钱币收藏中也不是主流，只是一个小众市场，特别是 2013 年集团礼品销售大幅下降后，就更加暴露出收藏投资群体较小和不稳定的突出矛盾。这个问题的客观存在，直接影响着整个市场的发展基础。当前，我国贵金属币市场正处在一个以集团礼品消费为主向收藏投资为主变化的重要转型期，如何稳定扩大贵金属币的收藏投资群体，已经成为市场不断发展和扩大的核心问题。

（2）市场的生态环境不理想，吸引力较差。我国贵金属币的生态环境问题主要包括产品本身的艺术质量问题、总量供应问题、销售体系问题、二级市场建设问题以及发行管理体制问题。

其一，虽然我国的贵金属币以货币形式出现，但它更重要的属性是用于收藏投资的艺术收藏品，因此它的设计、铸造和发行主要应遵循艺术收藏品市场的规律，这对贵金属纪念币来说更为重要。实际上相对于艺术收藏品来讲，我们目前的现状是，在项目选题、设计雕刻、技术创新、铸造加工质量和产品包装设计等方面，都还存在程度不同的差距与不足，需要反思和有新突破。作为一种以货币形式出现的艺术收藏品，只要真正具有艺术收藏价值，就一定会在市场中被广泛接受和认同，同时具有强大生命力。

其二，关于总量供应问题。经过32年的发展，我国投资金币的发行总量已经不少，但从年度发行规模看，与世界投资金币发行大国还存在一定差距，发展潜力巨大。从纪念币的发行规模看，2013年我国实际发行贵金属纪念币的总重量是267.40万盎司。据"中国现代贵金属币信息分析系统©"统计，目前在贵金属纪念币的铸造发行方面，我国已毫无争议地处在了世界冠军的位置。从附表5中我们可以看到，在国际官方铸币用金量的统计中，虽然我国每年的铸币用金量与某些国家相比还存在差距，但这种差距主要反映在投资币的发行规模上，纪念币的供应总量仍偏大。实际上，目前的问题是应该充分利用好国家的免税政策，加快熊猫投资金币的发展速度，同时对纪念币的发行总规模进行评估和反思。对一种艺术收藏品来说，多大的发行规模更有利于市场的繁荣、健康与持续发展，值得思考。

其三，关于销售体系问题。应该肯定地说，经过30多年不断的改革和调整，我国贵金属纪念币的销售体系正不断完善和进步。但与此同时也应该看到，目前的销售体制与时代进步的要求相比，还存在不足和缺陷。这种不足和缺陷主要反映在，一是市场的公开、公平、公正和透明程度还有待提高，特别是有些增值预期较高的产品并没有全部通过阳光工程销售；二是在零售体系中存在一些销售秩序混乱现象，侵犯了收藏投资者的利益。这个问题不能完全怪罪一级市场中的某些商户，它实际反映的是这些企业与控制垄断经营权的国有专营企业之间的利益博弈。从维护广大收藏投资者根本利益出发，如何不断改革完善现有的销售体系，值得思考。

其四，关于二级市场建设问题。我国贵金属币的收藏投资价值是通过市场交换实现的，而交易效率关乎二级市场的成熟与进步。从现实情况看，目前我国钱币二级市场的经营者正在不断努力探索，发展和健全各种交易模式和手段，对市场进步发挥着重要推动作用，特别是在2013年中，线上交易和网络拍卖的发展速度很快，新的交易模式也不断应运而生，这些对我国钱币二级市场的发展都有积极作用。尽管如此，我国贵金属币二级市场目前的现状是，交易效率从总体上看还没有较大提高，"成交不畅"和"成交困难"的币种仍占据主流，对顺畅实现收藏投资价值影响较大。实际上，对艺术品来说，交易效率不高是共性问题，也是"老大难"问题。如何进一步提高我国贵金属纪念币的交易效率，还需全体市场参与者共同努力。

其五，关于发行管理体制问题。在上面提到的很多问题都与发行管理体制有关。目前我国的国有专营企业在贵金属纪念币的发行方面具有很大发言权，更准确地说，实行的是一种政府行政权力的企业化运营模式。这种模式由历史发展而来，曾经发挥过积极作用，但与国家改革的进程有些相悖。实践证明，这种发行管理模式有时很难避免政绩冲动、企业短期利益，对整个贵金属币事业长期健康发展造成不利影响。特别是在控制发行规模、规范价格形成机制、合理调整市场参与者利益关系等方面都存在较难协调的机制障碍。如何改革目前的发行管理体制，已经成为改善市场环境的重要工作。

（3）宣传力度不够，影响力不高。36年来，经过几代人的不懈努力，我国金币事业还是取得了很大的进步和发展。但为什么至今在整个艺术收藏品领域还只是一个小众市场？除了上边提到的问题之外，宣传推广力度不够也是重要原因之一。任何一种商品的社会影响力，除了本身具有市场价值外，对它的宣传推广也有着重要的支撑作用。目前我们看到的实际情况是，虽说对贵金属币也有一定宣传，但宣传推广的范围仍然有限、力度不大、形式单一，缺乏感召力。在全国范围内，不知道中国贵金属币、不了解贵金属币基本知识的人群还非常广泛，社会影响力和认知度较差。如何加大宣传推广力度，普及相关知识，提高市场知名度，也是需要今后加快解决的重要问题。

第二节　市场发展对策研究

36年来，我国的金币事业经过几代人不懈努力，倾注了全体市场参与者的智慧和艰辛，也承载了广大收藏投资者的希望与寄托。面对弱市首先应该看到，市场总是在上下起伏中发展前进的，我们要对市场的长期发展树立信心，坚定信念，看到希望。与此同时也应该认识到，市场是不会自然回暖的，它需要条件和基础，我们也要针对存在的矛盾和问题积极进行改革与调整，努力培育市场回暖的基础，不能怨天尤人、消极坐等、无所作为。

一、促进市场长期健康稳定发展的改革思考

迎着改革开放的春风，我国的第一套现代金币诞生了，可以说，中国的金币事业是改革开放的产物。回眸我国从第一套金币发行以来36年的历史进程，在每一个重要发展节点上，都是重大的改革举措把这一事业又推向了一个新起点。正是不断深化改革，培育和推动了中国金币事业的不断发展。

2013年11月9日至12日，党的十八届三中全会在北京举行。此次全会通过了《中共中央关于全面深化改革若干重大问题的决定》。全会指出，"经济体制改革是全面深化改革的重点，核心问题是处理好政府和市场的关系，使市场在资源配置中发挥决定性作用和更好发挥政府作用"。

目前我国的贵金属币市场正处在调整期，金币事业也处于关键的转折期，如何认真贯彻党的十八届三中全会精神，借全面深化改革的东风，用改革精神推动中国

金币事业的发展进步，已经成为当前需要思考的重大问题。

虽然贵金属币不属影响国计民生的大事，对整个国家经济也无足轻重，但对这个事业本身的发展来说，也有一个如何按市场规律办事，正确处理好政府与市场关系的问题。因此从顶层设计、制度设计着手，对制约市场发展的体制机制障碍进行改革十分必要。

我国的现代贵金属币是一种以货币形式出现、以贵金属为载体、用于收藏或投资的商品，不具备货币流通职能。这种商品与其他商品的根本区别是由政府面对公众垄断发行，在经济上属政府行政资源类产品。

从这一基本定义出发，我国金币事业改革的主要目标应该是，按市场规律办事，分清政府和企业的权力、权利与职责，正确处理好在垄断经营条件下企业与政府、企业与市场、企业与收藏投资者之间的利益关系，最大限度地符合社会和公众利益，为发展钱币文化事业服务。

根据这个主要目标，似乎可以采取以下改革措施：

（1）改变目前实行的"政府行政权力的企业化运营模式"，将货币发行权与面对市场的经营权彻底分离。主管部门根据国家意志和市场需求独立行使贵金属币的货币发行权，国有专营企业的主要任务是执行国家的贵金属币发行计划，搞好贵金属币的发售工作，为市场和广大收藏投资者服务，避免两者之间的利益交织和利益互惠。

这里建议实行的"货币发行权与面对市场的经营权彻底分离"，不是走计划经济的老路，而是为了在市场经济中更好地界定政府职能与企业职能的权限和边界。我国贵金属纪念币的发行规划和年度发行计划，应在政府部门主导下，组织专门机构或组织进行规划和审定。这种规划和计划不仅要考虑国有专营企业的利益，更要考虑国家意志和市场的实际状况，从维护广大收藏投资者利益和钱币市场长期健康稳定发展的要求出发，使计划更好地与市场结合。

（2）由于贵金属币使用的是政府行政资源，且又要在垄断条件下经营，因此政府相关部门应加强对国有专营企业的行政监管。特别是贵金属纪念币在一级市场零售时的定价原则，应报相关部门审批，同时监督企业实行。

这里建议的加强行政监管，也不是重回计划经济的管理模式，事事都要经过政府审批，而是在市场经济中，通过发挥政府监督职能，更好地协调市场参与者的利益关系，使用经济利益这个杠杆，最大限度地调动全体市场参与者的积极性与创造性，为市场的进一步活跃与发展服务。因此，这个定价原则应根据市场规律，兼顾国有专营企业、其他经营者和收藏投资者三者之间的利益关系，同时配套面对市场变化的调整机制，用加强行政监管的办法，促使企业转化职能，把服务市场和服务收藏投资者作为首要任务。避免企业盲目追求利润，利用垄断经营条件伤害其他市场参与者的利益。

（3）由于贵金属币使用的是政府行政资源，每个公民都有权利在规则下，透过公开、公平、公正和透明的原则购买到一手价格的产品。因此应该改革和规范现有一级市场的销售制度和规则，实施彻底无保留的阳光工程，同时通过改善经营环境、调整利益分配关系等方法，规范体系内的零售企业执行零售政策。避免出现利益输送、利益寻租和权力腐败行为发生，同时避免一些零售企业利用市场差价，取得不当收益和提前透支收藏投资者增值回报的现象出现。

（4）改革现有的信息发布制度，制定相关办法，及时向社会公布贵金属币实际铸造数量信息。贵金属币虽然以货币形式出现，但它更是艺术收藏品。从收藏投资品的市场规律和维护消费者知情权出发，购买者有权利通过正规渠道，了解这种艺术收藏品的实际生产数量。这既符合国际惯例，也不违反相关法律规定，应该给予保证。

目前我国的经济体制改革已经步入深水区，任何一项改革都会涉及多方面的利益调整，难度加大，不可能一蹴而就，需要时间和付出成本。但只要从发展我国钱币文化的大局出发，以收藏投资者的最大利益为考量基础，采取适当的步调和节奏，循序渐进，我们的改革就一定能够推进并取得成效。

二、促进市场长期健康稳定发展的措施思考

要促进我国贵金属币市场的长期健康稳定发展，深化改革必不可少，但采取具体调整措施，使整个市场从低谷中尽快开始回暖，显然更加急迫和现实。

从目前市场的实际状况出发，面对弱市，我们似乎可以采取以下具体措施：

（1）积极贯彻实施国务院批准的特殊政策，加快熊猫普制金币的市场开发力度。

普制熊猫金币是我国贵金属币结构中最重要的组成部分，同时也是中国金币的形象代表。大力推广普制熊猫金币的销售，不但可以发挥藏金于民的黄金储备功能，同时也可以扩大整个中国金币在国民中的形象和地位，促进贵金属纪念币的发展和影响力。

由于普制熊猫金币在经济上属投资型金币，因此大力发展和推广的前提条件就是，在同类黄金实物投资商品中具有投资性能的比较优势。国务院批准的熊猫普制金币免税政策，已经为普制熊猫金币在中国市场的发展提供了政策和税制保证，下一步就是通过试点后，在国内市场逐步扩大销售规模。这应该是当前发展中国金币事业的头等大事。

大幅度提高熊猫普制金币的销售规模，关键是要有一套具有竞争力的回购方案。其中特别重要的是回购差价率的厘定要具有竞争性，要有利于投资者规避风险、便于套利操作。除了厘定回购差价外，回购方案还应包括回购渠道和服务标准等问题，这是对国有专营企业在管理能力、创新能力、抗风险能力以及反假能力等方面的考验和锻炼。

目前，我国黄金实物消费的市场发展空间非常巨大，只要实施符合市场规律的销售、回购政策，我们应该坚信，在几年内将熊猫普制金币的销售规模提升到每年300万盎司水平是完全有可能的。如果这个目标能够早日实现，将会对发展中国金币事业做出巨大贡献。

（2）对于贵金属纪念币来说，促进市场长期健康稳定发展的关键是在以下三个方面做好存量与增量之间关系的大文章。

①收藏投资群体的存量与增量。这里包括两个方面的问题，一是如何稳定巩固已有收藏投资群体的存量，二是如何发展扩大收藏投资群体的增量。首先应该看到，目前在规模不大的收藏投资群体存量中，稳定性不高是突出问题。特别是在当前形势下，存量流失问题已有显现。如果不能稳定巩固已有存量，就很难谈到发展扩大增量问题，因此稳定存量的工作已经迫在眉睫。为此建议采取多种形式和方法，利用各种民间的钱币组织和沙龙，加强收藏投资者之间的联系与沟通，引导正确研判形势，提高对市场发展前景的信心，增强凝聚力，这应该是稳定存量的有效方法之一。关于发展扩大增量，最主要的工作是改善市场环境。由于贵金属币属非刚性需求类商品，只有让潜在的增量群体实实在在看到贵金属币的艺术价值和收藏投资潜力，才有可能吸引他们的注意力，使他们进入这个收藏投资品领域。因此，扩大增量的问题需要在改善市场环境方面和基础工作方面投入更多精力。当然，必要的宣传工作对发展扩大总量也必不可少。因此建议进一步加大宣传力度，利用博览会、巡回展览、知识讲座、产品宣传介绍、电视媒体和网络媒体等多种有效形式大力进行宣传推广，普及贵金属纪念币的基本知识，提高理性收藏意识。其中特别是要充分发挥民间收藏家的示范作用，通过他们自身的收藏经验和体会，向民众宣传钱币收藏的理念、乐趣和经验，用活生生的事实感召新的群体加入。

当前，我国贵金属纪念币市场正处在一个以集团礼品消费为主向收藏投资消费为主变化的重要转型期，如何稳定巩固存量和发展扩大增量，已经成为整个市场不断发展的最基础工作，应该有所作为、有所建树，否则其他一切事情都是无源之水和海市蜃楼。

②销售渠道的存量与增量。我国贵金属币一级市场现有的传统经销渠道是历史发展形成的，对市场发展发挥过积极作用。但也必须看到，一方面，这种经销方式与时代进步的要求相比，存在缺陷和不足；另一方面，这种经销方式已经很难继续支撑市场进一步发展。因此首先需要对我国贵金属币一级市场现有的传统经销方式进行整顿和调整，从基础和环境上解决一些深层次的矛盾和问题，从制度设计上创造更好的市场氛围，促进一级市场规范发展。关于丰富拓展销售渠道的增量问题，当前主要应该在公开、公平、公正和透明的原则下，扩大面对收藏投资者的直销比例，其中特别是要充分发挥网络的作用，加强线上的宣传销售力度，提高产品的扩散力。同时要继续利用好金融机构的渠道和网络，加大在金融机构销售的比例，在开发新的市场渠道方面继续做出努力。

在销售渠道上整顿调整存量和丰富拓展增量只有一个目的，就是改善市场环境，扩大收藏投资群体的增量。这也是促进市场长期健康稳定发展的重要措施。这个问题的关键在于国有专营企业如何转变无风险的经营理念，让我国的贵金属纪念币在市场供需关系的博弈中接受检验。

③发行规模的存量与增量。这个问题实际也涉及两个问题，一是我国贵金属纪

念币已经具有市场存量 4 177.10 万盎司，如何盘活这部分存量，让它们在收藏投资价值的比较优势上发挥示范作用，吸引扩大收藏投资群体。二是如何控制和调整增量，与收藏投资的实际需求相适应，发挥增量带动存量的市场效应，起到互为支撑、相互促进的目的。关于盘活已有存量问题，主要是二级市场的交易效率问题。在这个问题上首先要解决一个认识问题，即不能只管增量不顾存量，好像媳妇一经嫁出就是外人一样。实际上在存量与增量之间存在客观联系，没有存量的活跃和价值，也就没有增量的发展和扩大。因此应该从一定层面加强对二级市场的关注与研究，甚至可以采用经济手段引导二级市场成熟与进步，不能袖手旁观、坐视不理。关于控制和调整增量问题，当前的主要策略应该是面对市场弱势，从数量和价格上继续下调供应总量。实际上，任何时候总量供应的强度都是相对的而不是绝对的。如果下调幅度不能适应市场萎缩程度，那么供应总量就仍偏大。目前我国贵金属纪念币年度发行规模已经处于世界冠军的位置——当然不能否定中国的市场潜力，但这样的发行规模是否已属超常，值得研究和反思。另外，目前还没有任何机构对我国贵金属纪念币市场做过完整、细致的市场调查，这对发行管理的科学决策十分不利，因此建议加强这方面的基础工作，这对合理确定发行增量也有重要意义。

在发行规模上盘活存量和控制、调整增量，是科学辩证的关系，也是市场存在的客观规律，只有相互兼顾、相互支撑，才能使市场长期健康稳定发展，否则只能使市场萎缩、人心涣散。

我国的金币事业已经走过 36 年的发展道路。在这不平凡的历史进程中，全体市场参与者进行了不懈的努力和探索，凝聚了管理层、设计雕刻人员、造币企业、国有专营企业、一级市场和二级市场的经营者以及广大消费群体的聪明、智慧、艰辛和汗水。可以说我国贵金属币事业的发展是全体市场参与者共同奋斗的结果，承载了社会方方面面的希望与寄托，同时全体市场参与者也分享了事业发展带来的回报和成果。

正如任何事物都是在不断克服困难、解决问题的过程中发展一样，只要坚持社会主义市场经济的基本要求，只要坚持钱币文化发展的正确方向，只要真正代表广大钱币收藏投资者和其他消费群体的根本利益，我们就一定会迎来中国贵金属币市场发展更加辉煌灿烂的明天。

第六章　2014年市场发展展望

　　在外部环境和内部因素双重作用下，2013年我国贵金属币市场继续出现较大规模调整。由于供需关系出现重大变化，致使贵金属币的收藏投资价值减弱，交易清淡，市场低迷，经营环节大多处于困境，收藏投资群体信心受挫，整个市场处于典型的熊市状态。

　　目前市场参与者普遍关心的问题是：2014年我国贵金属币市场将如何发展？能否逐步摆脱委靡不振的市场格局？广大收藏投资群体什么时候能够看到市场回暖的希望？

　　2014年1月30日，中国人民银行通过官方网站公布了2014年贵金属币项目发行计划。如何分析解读这个计划？通过分析可以捕捉到怎样的信息？通过这个计划是否可以从某一侧面研判2014年的市场走势？

第一节　定量分析解读2014年贵金属币项目发行计划

一、数据分析

　　对2014年贵金属币项目发行计划的数据分析详见附表17。有关分析对比的示意图见图47至图53。

图47　2014年投资币发行重量对比图

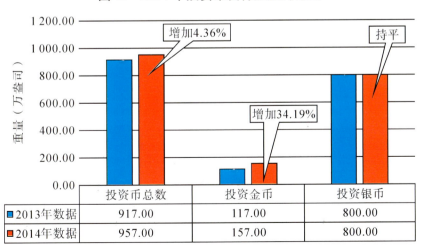

	投资币总数	投资金币	投资银币
2013年数据	917.00	117.00	800.00
2014年数据	957.00	157.00	800.00

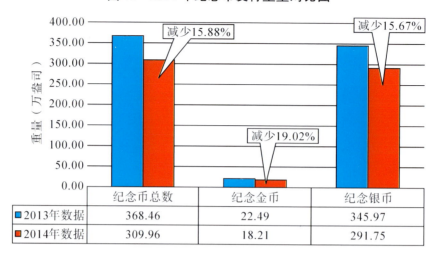

图 48　2014 年纪念币发行重量对比图

	纪念币总数	纪念金币	纪念银币
2013年数据	368.46	22.49	345.97
2014年数据	309.96	18.21	291.75

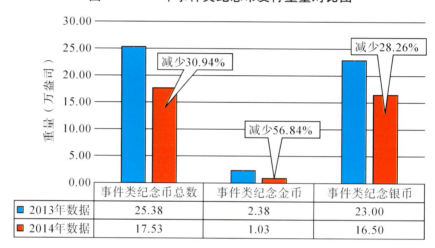

图 49　2014 年事件类纪念币发行重量对比图

	事件类纪念币总数	事件类纪念金币	事件类纪念银币
2013年数据	25.38	2.38	23.00
2014年数据	17.53	1.03	16.50

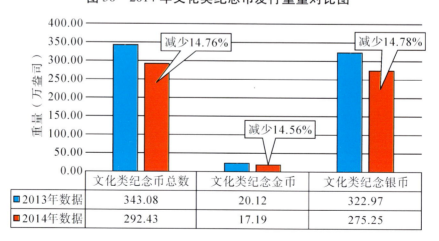

图 50　2014 年文化类纪念币发行重量对比图

	文化类纪念币总数	文化类纪念金币	文化类纪念银币
2013年数据	343.08	20.12	322.97
2014年数据	292.43	17.19	275.25

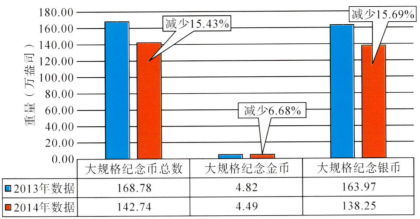

图 51　2014 年大规格纪念币发行重量对比图

	大规格纪念币总数	大规格纪念金币	大规格纪念银币
2013年数据	168.78	4.82	163.97
2014年数据	142.74	4.49	138.25

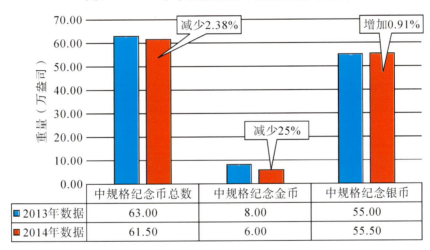

图 52　2014 年中规格纪念币发行重量对比图

	中规格纪念币总数	中规格纪念金币	中规格纪念银币
2013年数据	63.00	8.00	55.00
2014年数据	61.50	6.00	55.50

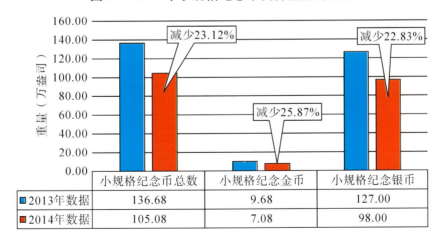

图 53　2014 年小规格纪念币发行重量对比图

	小规格纪念币总数	小规格纪念金币	小规格纪念银币
2013年数据	136.68	9.68	127.00
2014年数据	105.08	7.08	98.00

二、解读 2014 年贵金属币项目发行计划

●按照《中华人民共和国计量法》，从 2014 年起，中国人民银行发行的贵金属

币均以"克"为主要计量单位，国际贵金属计量单位"盎司"作为辅助单位标注。我国贵金属币以"克"为计量单位后，与"盎司"数换算为小数点后保留三位有效数字，最后一位数字按四舍五入方法进位。

●2014 年计划发行贵金属币共计 11 个项目、58 个币种。与 2013 年贵金属币发行项目的实际执行情况相比，增加了 1 个项目、5 个币种。发行项目的调整变化为：事件类纪念币项目增加 3 个；熊猫加字币减少 2 个项目；文化类纪念币项目数没有变化。在这里要特别说明的是，从往年的实际执行情况看，熊猫加字币一般都有可能作出增量调整。

●2014 年计划发行的贵金属币总规模为：数量 1 341.82 万枚，比 2013 年计划增加 1.26%；重量 1 266.96 万盎司，比 2013 年计划减少 1.44%。实际上在 2014 年的发行计划中，纪念币的发行总数量处于减少状态，总数量的增加主要受到投资金币提高计划发行量的拉动。

●在 2014 年投资币的发行计划中，除 1 盎司普制熊猫金币由 2013 年计划发行数量的 60 万枚上调为 100 万枚外，其他投资币品种的计划发行量没有变化。2013 年 1 月，熊猫普制金币免征增值税出台后，熊猫投资金币的销售机制出现重大变化。2013 年 9 月，已经开始在上海、北京和深圳三家零售中心进行回购试点业务。2014 年 1 盎司普制熊猫金币发行计划的大幅上调表明已为扩大发行规模留出充足空间；同时显示经过试点后，普制熊猫金币的市场发展有可能不断扩大。

●在 2014 年纪念币的发行计划中，虽然纪念币发行的项目总数和币种总数有所增加，但计划发行的总规模却出现较大幅度下调。纪念币的计划发行总数量，由 2013 年的 185.12 万枚下调为 161.82 万枚，下降幅度 12.59%。发行的总重量，由 2013 年的 368.46 万盎司下调为 309.96 万盎司，下降幅度 15.88%。实际上在 2013 年中，如按重量计算，纪念币的实铸量与计划量相比已经下降 27.43%；其中纪念金币下降 20.09%，纪念银币下降 27.90%。需要指出的是，按计划先期面世的 2014 年第一个纪念币项目——"中国探月首次落月成功金银纪念币"，目前的实际铸造量为计划的 70%。由此推断，2014 年如果我国贵金属币市场状况没有出现明显好转，2014 年纪念币的实际铸造量将很有可能小于 2013 年的实铸量。

●在 2014 年纪念币的发行计划中，还有以下几点值得关注：

（1）在文化类纪念币项目中，除生肖币和熊猫精制币的发行计划未作调整外，其他可对应的文化类纪念币项目的发行量均作了减量调整。

（2）由于在"新疆生产建设兵团成立 60 周年金银纪念币"项目中配置有 5 盎司银币，使 2014 年计划中的"中规格银币"供应总量与 2013 年计划相比微幅上涨 0.91%。这是纪念币中唯一发行总量上调的板块。

（3）在 2013 年事件类纪念币项目中，出现了"微型金币"币种"中国—法国建交 50 周年金银纪念币"的 3 000 枚 1/4 盎司精制金币。这是自 2011 年发行"西安园艺博览会"3 000 枚 1/4 盎司熊猫加字金币后，再次出现的低发行量币种。如果再往前追溯，也只有 1996 年的"中国邮政 100 年金银币"、"96 版麒麟金银铂纪念币"和

1995 年的"妈祖金银纪念币"发行过数量 3 000 枚的同规格精制金币。

（4）在 2014 年的纪念币发行计划中，打破近年来精制银币的配套惯例，在"第二届夏季青年奥林克运动会金银纪念币"和"世界遗产——杭州西湖文化景观金银纪念币"两个项目中，出现了 1/2 盎司精制银币的身影。其中特别值得关注的是，"世界遗产——杭州西湖文化景观金银纪念币"与 2013 年的"世界遗产黄山金银纪念币"属类似项目，但 4 枚银币的规格已出现了较大变化，由过去配套的 1 盎司精制银币改为 1/2 盎司精制银币，这对降低这个品种的零售指导价有一定作用。

第二节　总体研判 2014 年市场发展走势

我国贵金属币市场的总体走势将受到外部环境和内部因素双重影响，对 2014 年市场发展趋势的研判也将围绕着两个因素展开。

●贵金属币受外部环境影响的两个最大的直接因素是国际贵金属价格走势以及国内货币流动性状态。

首先研判 2014 年国际贵金属价格走势。在国际八大投资银行对贵金属价格的研判中普遍看空 2014 年的黄金价格走势。由于主要受美联储货币政策和国际原油价格影响，它们普遍预测 2014 年黄金价格将在 1 310 美元至 1 050 美元之间波动，最悲观的预测看到金价有可能触及 725 美元的最低点。同时预测白银和铂钯的走势将好于黄金。根据这些预测判断，2014 年黄金价格有可能在较大的箱体内震荡，出现趋势性好转的可能性不大。

从国内货币流动性因素看，由于 2013 年中央银行实施稳健的货币政策，与前几年相比货币流动性相对吃紧。2014 年中央银行将继续维持稳健的货币政策，货币流动性将不会出现明显的宽松局面。

根据以上形势分析，2014 年贵金属币市场全面回暖的外部条件暂不具备。

●由于贵金属币与艺术收藏品的性质类似，艺术收藏品市场的大气候也对贵金属币市场产生间接影响。

最近从有关媒体获得的信息显示，经过两年多调整，目前全国艺术品市场开始出现止跌企稳迹象，媒体判断 2014 年艺术收藏品中某些板块或品种有可能开始逐步回升。虽然贵金属币与其他艺术收藏品相比在特性上仍存在差异，但作为性质类似的商品，艺术收藏品市场整体企稳的信号对贵金属币市场来说应该是好事。

●直接影响贵金属币市场表现的内部因素是市场内部供需关系的变化。

贵金属币分为投资币和纪念币两大部分。由于投资币与贵金属价格密切相关，在 2014 年中，投资币的总体走势将随贵金属价格的变化而在箱体内震荡，不太可能出现趋势性好转。

在纪念币中，又存在发行存量与增量两个不同部分。

首先看发行存量。应该说，我国贵金属纪念币市场经过两年多的大幅调整，市场泡沫已经得到充分挤压，估值过高的风险已经得到比较充分的释放，有些币种已经出现超跌现象。虽然监控信息显示，目前市场还在小幅下挫，但继续大幅下跌的情况已经很少见到。因此可以说我国贵金属纪念币的总体价格走势已经处于底部区域，如果没有重大外部因素影响，继续大幅调整的概率已经很小。这与全国艺术收藏品市场的走势类似。另外，我国贵金属纪念币市场的周期性变化还有一个明显特征，就是在底部区域盘整的时间一般都较长，不可能在短时间内出现大幅拉升，市场还需要一定时间进行调整和涵养。由此判断，纪念币的发行存量部分在 2014 年不可能大幅上涨，但有可能出现两极分化走势。对具有明显收藏投资价值优势的币种（例如发行量较小又具有题材优势的中等规格金银币）来说，市场价格可能会出现小幅回升；对于发行量较大、收藏投资价值不明显的币种（例如发行量较大、不具题材优势且市场沉淀不充分的小规格金银币）来说，将继续维持底部盘整，甚至小幅下跌。

再来看发行增量。中央银行已于 2014 年 1 月 30 日公布了 2014 年贵金属币项目发行计划，分析数据显示，虽然 2014 年纪念币的项目数量和币种数量有所增加，但供应总量已经总体上减少，考虑到实际执行时实铸量有可能进一步下调，因此供应总量下降应该已成定局，这对市场是明显的利多信号。应该说，供给是与需求相对应的。由于当前集团礼品的消费量已经大幅减少，2014 年将继续维持这种态势，如果在短时间内无法找到新的消费增量填补这个减量缺口，那么目前经过下调后的计划供应量仍然偏大。如果需求没有明显上升，笔者仍然不看好 2014 年纪念币项目的总体走势。其中特别是大规格金币和不受市场认同的项目，将不会有较好的市场表现。但与 2013 年一样，2014 年也会出现对个别项目或币种的短期炒作。

●根据对外部环境和内部因素的综合分析，由于国际贵金属价格的颓势不会明显扭转，国内货币流动性继续吃紧，因而暂不具备贵金属币市场价格大幅回升的外部条件。从内部因素看，我国贵金属币市场的调整已经处于底部区域，如果没有重大影响事件发生，盘整的时间会相对较长。纪念币的发行存量部分将可能出现两极分化走势，2014 年的增量部分从总体上看应该仍处弱市，但也会出现对某些项目或币种的短期炒作。

我国的金币事业经过 36 年的风雨历练，正在起伏中继续前进，不断向好的总趋势不会改变。为尽快扭转弱市，当前最重要的工作应该是认真贯彻党的十八届三中全会精神，从顶层设计着手，深入进行发行销售体制的改革，从社会主义市场经济的基本要求和收藏投资者的根本利益出发，不断改革、发展和完善相关体制、机制和制度，合理调整市场参与者的利益关系，努力改善整个市场的生态环境，在三个方面全面调整存量与增量之间的关系，不断提高我国贵金属币收藏投资价值的比较优势，用适应时代发展的一揽子全新配套举措，迎接我国金币事业的又一个春天。

2013 年中国现代
贵金属币市场大事记

●2013 年 1 月 9 日、18 日、21 日和 5 月 23 日，中国金币总公司分别与中国建设银行、北京农商银行、北京银行、中国银行签署战略合作协议，在前期与几家大型商业银行确定合作意向基础上，继续扩展银行业务渠道。

●2013 年 1 月 10 日至 11 日，中国人民银行工作会议在北京召开。在部署 2013 年主要工作时提出要改善普通纪念币发行管理。

●2013 年 1 月 18 日，财政部发布《关于熊猫普制金币免征增值税政策的通知》（财税〔2012〕97 号），决定自 2012 年 1 月 1 日起，免征五种特定规格熊猫普制金币的增值税。

●2013 年 2 月 20 日，据《济南日报》报道，日前"银币侵权第一案"在济南法院一审宣判：中国金币总公司、深圳国宝造币有限公司、齐泉公司立即停止侵犯周峰美术作品《鲁智深倒拔垂杨柳》著作权的行为。中国金币总公司、深圳国宝造币有限公司赔偿周峰经济损失 50 万元，并就其侵权行为向周峰赔礼道歉。

●2013 年 4 月 12 日，国际金价大跌 5.03%，4 月 13 日继续暴跌 9.09%，创下 30 年来最大单日跌幅，成为有史以来最大的黄金"黑天鹅"事件。6 月 20 日，伦敦金、纽约金同步大幅下挫，伦敦金报 1 286.6 美元/盎司，跌幅达 4.64%；纽约金报 1 287 美元/盎司，跌幅达 6.33%。截至 2013 年年底，金价全年累计下跌 28%，创 1981 年以来最大跌幅，至此结束长达 12 年的大牛市。

●2013 年 6 月 17 日，杭州叁点零易货交易所正式开始 2013 年版熊猫金币现货即期电子交易。

●2013 年 6 月 27 日，中国人民银行发布《贵金属纪念币　金币》（JR/T 0004-2003）和《贵金属纪念币　银币》（JR/T 0005-2003）两项行业标准。这两项标准自公布之日起实施，2000 年发布的《金币》（JR/T 0004-2000）和《银币》（JR/T 0005-2000）两项标准同时废止。

●2013 年 7 月 19 日，上海老凤祥等金店涉嫌操纵金价，受到发改委反垄断调查。

●2013 年 7 月 20 日，美国 PCGS 钱币评级公司通过上海泉评收藏品有限公司正式进入中国，开展钱币评级服务。

●2013 年 7 月 25 日，中国金币总公司"党的群众路线教育实践活动动员大会"在北京召开。在进行这项活动的过程中，中国金币总公司开展了一系列活动，与其他市场参与者进行座谈沟通，听取促进中国金币事业长期健康发展的意见和建议。

●2013 年 8 月 8 日，"世界遗产黄山金银纪念币"面世发行。这是中国金币总公司首次采用"做市商"方式销售金银币。

●2013 年 8 月 9 日，北京华夏国博国际收藏文化交流中心涉嫌诈骗，被北京警方查封。

●2013 年 8 月 31 日，深圳皇岗海关在皇岗口岸旅检渠道查获一司机利用深港过境大巴藏匿 16 千克银币入境案件，查获由纯银制造小银币 30 克/枚、面值为 10 元，共 246 枚；大银币 1 000 克/枚、面值为 300 元，共 8 枚。总计达 16 千克。这是首次通过媒体报道查获的金银币走私案。

●2013 年 9 月 11 日，一种可自动售卖黄金白银制品的自动交易终端机出现在北京华夏银行网点。这是通过自动现货交易系统销售贵金属币的首次尝试。

●2013 年 9 月 17 日，中国金币总公司开始在其所属的深圳、北京、上海三家零售中心开展熊猫普制金币回购试点业务。熊猫普制金币回购的产品范围为中国人民银行发行的 2013 年版及以后年版的熊猫普制金币。

●2013 年 9 月 27 日，中国金币总公司通过官方网站首次面向社会征集贵金属纪念币项目选题。

●2013 年 10 月 10 日，"中国甲午（马）年金银纪念币"发行。根据中国金币总公司官方网站公布的阳光工程号段，在这个项目中，除 10 千克、2 千克、1 千克三种金币按计划铸造外，其他币种的实际铸造数量为公告发行量的 70%。目前为止，在 2013 年中，2013 年版熊猫金银纪念币、中国光大集团成立 30 周年熊猫加字金银纪念币、中国—东盟博览会 10 周年熊猫加字金银纪念币、中国青铜币金银纪念币（第二组）、世界遗产黄山金银纪念币、2013 北京国际钱币博览会纪念银币的实际铸造数量均小于公告发行量。

●2013 年 10 月 11 日至 13 日，每年一度的 2013 北京国际钱币博览会第一次在北京国家会议中心举行。在这次国际钱币博览会中，首次举办了国际造币技术论坛和 2014 年版熊猫金银币品鉴会，成为本届博览会的亮点之一。

●2013 年 10 月 21 日，南京文化艺术产权交易所钱币邮票交易中心开始线上交易。中国现代贵金属币有六个币种作为第一批交易品种上线交易。

●2013 年 11 月 30 日，第一届中国熊猫金银币收藏博览会在上海召开。这是首次由民间主办的中国熊猫金银币收藏博览会。

●2013 年 12 月 12 日，公安部经侦局与中国金币总公司在河北定州联合召开现场会，听取河北省定州市公安局破获销售假贵金属纪念币案件的情况汇报。2012 年，定州市公安局经过 100 余个昼夜的艰苦奋战，成功破获贾志坡等人持有出售假贵金属纪念币案，抓获犯罪嫌疑人 60 余名，查获假贵金属纪念币 9 000 余枚，涉案金额达 1 400 余万元。

●2013 年 12 月 31 日，北京中金国衡收藏品有限公司在北京挂牌成立。该公司的钱币评级业务接受银行交易商协会金币市场专业委员会和中国钱币学会监督，并按照 100 分制标准，开展钱币评级业务。

●2013 年 12 月 31 日，扣除 2013 年发行增量，2013 年我国贵金属币市场价总值由 2012 年的 1 409.85 亿元下降为 1 101.17 亿元，下降 21.89%。从 2011 年高点回落开始计算，扣除相应增量，市场价总值蒸发 535.80 亿元，同比下降幅度 34.69%.

●据不完全统计，2013 年我国贵金属币送拍数量 5.34 万枚（套），成交数量 5.08 万枚（套），成交率 95.25%，成交额 2.78 亿元人民币。在成交总额中，网络拍卖占 80.24%，境内拍卖占 88.63%。

名词解释及定义

1. **中国现代贵金属币**（或简称贵金属币）：指 1979 年以后中国人民银行公告发行的所有贵金属币，它由投资币和纪念币两大部分组成。

2. **投资币**：指由中国人民银行发行，主要用于贵金属投资的贵金属币。在我国贵金属币体系中，特指 1 盎司、1/2 盎司、1/4 盎司、1/10 盎司、1/20 盎司 5 种普制熊猫金币和 1 盎司、1/2 盎司 2 种普制熊猫银币。

3. **纪念币**：指由中国人民银行发行，具有特定主题或特定纪念题材的贵金属币。在我国贵金属币体系中，指不含投资币之外的所有贵金属币。

其中**特定主题纪念币**（或简称为文化类纪念币），主要指具有特定主题的贵金属币。例如"2014 中国甲午（马）年金银纪念币"。

其中**特定纪念题材纪念币**（或简称为事件类纪念币），主要指具有特定纪念题材的贵金属币。例如"中华人民共和国成立 60 周年金银纪念币"。

4. **2013 年贵金属币大盘**（或简称 2013 年大盘）：指截至 2013 年年底前发行的所有贵金属币的集合。

5. **2013 年贵金属币大盘发行增量**（或简称 2013 年板块）：指 2013 年年内贵金属币发行项目的集合。

6. **2013 年贵金属币大盘发行存量**（或简称 2012 年大盘）：指 2012 年（包括 2012 年）以前发行的所有贵金属币的集合。

7. **2011 年大盘**：指 2011 年（包括 2011 年）以前发行的所有贵金属币的集合。

8. **2012 年贵金属币大盘的 2013 年数据**：指用 2013 年市场价格和宏观经济数据计算得出的各项相关数据。

9. **2012 年贵金属币大盘的 2012 年数据**：指用 2012 年市场价格和宏观经济数据计算得出的各项相关数据。

10. **2011 年贵金属币大盘的 2013 年数据**：指用 2013 年市场价格和宏观经济数据计算得出的各项相关数据。

11. **2011 年贵金属币大盘的 2012 年数据**：指用 2012 年市场价格和宏观经济数据计算得出的各项相关数据。

12. **2011 年贵金属币大盘的 2011 年数据**：指用 2011 年市场价格和宏观经济数据计算得出的各项相关数据。

13. **指标体系**：

（1）价格指标系统

不变成本（简称 BB）：指币种发行时的贵金属价值。

零售价（简称 L）：指币种发行时的零售指导价或初始发行价。

变动成本（简称 BD）：指后期变动的贵金属价值。

市场价（简称 S）：指后期变动的市场交易价格。

（2）直接指标系统

零售价/不变成本（简称 L/BB）：用于衡量贵金属币不变成本与零售价之间的溢价率。

市场价/零售价（简称 S/L）：用于衡量贵金属币市场价与零售价之间的溢价率，即贵金属币的实际增值幅度。

市场价/不变成本（简称 S/BB）：用于衡量贵金属币市场价与不变成本之间的溢价率，或简称贵金属币不变成本溢价率。

市场价/变动成本（简称 S/BD）：用于衡量贵金属币市场价与变动成本之间的溢价率，或简称贵金属币变动成本溢价率，即货币溢价因素提供的价值。

价格变化因素权重：贵金属币价格等于贵金属价值加货币溢价因素提供的价值。价格变化因素权重主要用于定量计算在贵金属币价格变动过程中，贵金属价值和货币溢价因素价值各自起到的作用。

（3）相对指标系统

（市场价/零售价）/CPI 累计值（简称 CBZ）：用于衡量贵金属币实际增值幅度是否跑赢同期 CPI 的指标。

（市场价/零售价）/利息累计值（简称 LBZ）：用于衡量贵金属币实际增值幅度是否跑赢同期存款利率的指标。

（市场价/零售价）/货币贬值幅度累计值（简称：HBZ）：用于衡量贵金属币实际增值幅度是否跑赢同期货币贬值速度的指标。

比较值综合评分（简称 BH）：用于衡量贵金属币投资价值的综合指标，也叫综合投资价值指标。它是 CBZ 值、LBZ 值、HBZ 值以及其他经济指标的算术相加之和。比较值综合评分（BH 值）主要用于评价各币种或板块之间的相对投资价值，单独使用时没有经济意义。

市场价格涨跌能力：可简称为"价格涨跌系数"（NLZ）。当贵金属币大盘下跌时可称为"抗跌系数"，当贵金属币大盘上涨时可简称为"助涨系数"。"市场价格涨跌能力"主要用于定量计算某一特定板块或币种的价格变动幅度相对于贵金属币大盘价格变动幅度的优劣。

（4）市场交易活跃度指标系统：

成交顺畅：指有价有市；

成交不畅：指有价无市；

成交困难：指无价无市。

（5）上述指标的解释及运算原理详见由西南财经大学出版社发行的《中国现代贵金属币市场分析》一书。

14. **大规格币种**：贵金属含量大于等于 1 000 克的币种；

中规格币种：贵金属含量大于等于 5 盎司小于 1 000 克的币种；

小规格币种：贵金属含量小于 5 盎司的币种。

15. **贵金属币一级市场（简称一级市场）**：指在我国贵金属币流通环节中，包括国有专营企业批发环节以及批发环节后进行第一次价值转换的市场交易活动。

16. **贵金属币二级市场（简称二级市场）**：指在我国贵金属币流通环节中，完成上述市场交易活动后，继续进行价值转换的市场交易活动。

"中国现代贵金属币信息分析系统ⓒ"说明

"中国现代贵金属币信息分析系统ⓒ"是笔者经过多年努力研发和不断升级的软件分析系统，主要目的是使用定量分析工具对我国现代贵金属币的市场运行状况进行研究。在《中国现代贵金属币市场分析报告（2013）》中的分析数据全部出自这个分析系统。

为保证系统科学有效，"2013版中国现代贵金属币信息分析系统ⓒ"继续使用原有的理论框架、指标体系、分析方法和数学模型，同时在此基础上进行了如下全面调整和升级：

（1）经进一步调查论证，对1980—1999年期间发行的贵金属币一些币种的实铸实售量进行了调整。在这次调整中，贵金属币总数量减少68.56万枚，总重量减少49.63万盎司，分别占2013年贵金属币大盘发行存量的1.08%和0.86%。经过这次调整，2013年贵金属币大盘发行存量2012年数据的贵金属不变成本总值、零售价总值、贵金属变动成本总值和市场价总值分别减少1.32亿元、2.18亿元、5.97亿元和11.67亿元。今后对我国贵金属币实铸实售量的调查将继续进行，并将根据查证核实的数据对数据库不断进行更新和完善。

（2）根据实际需要，对"中国现代贵金属币信息分析系统ⓒ"中的数据库、分类系统、检索系统、分析系统和显示系统进行了全面升级改造，进一步提高了检索分析的功能、效率和质量。

（3）根据市场分析需要，在"中国现代贵金属币信息分析系统ⓒ"中增加了"价格变化因素权重"和"市场价格涨跌能力"两个分析指标。这两个分析指标的计算原理详见附录1和附录2。

（4）继续对发现的极少数人为录入错误进行修正。

为保证录入系统的各种（项）数据的可靠性、代表性和连续性，在2013年各种（项）数量及价格信息的采集过程中，继续采用了以下方法和原则：

（1）数据来源：①全年监控并记录国内外各大钱币网络拍卖和现场拍卖的实际成交价。②2013年12月，邀请国内有代表性的10个相互独立的系统同时报出市场交易价。③在国内主要现货交易市场建立价格监测点，时时监控全年价格变动情况。④通过公开渠道，采集官方公布的各项相关的数量数据和价格数据。

（2）市场价格的定价原则：

①有记录可查询的顺畅成交原则，即参与计算的市场价格均为可通过公开渠道

查询的实际成交价格，或独立报价系统报出的价格。对无法查证核实的私下交易价格不予采录。

②时段原则，即以 2013 年 12 月的市场成交价格为基础，对在 2013 年 12 月没有成交记录的币种，参照与其最为靠近的实际成交价格。

③卖方原则，即按卖方获得的实际收益计算市场价格。

④统计原则，即在同一时段内如出现多个成交价格的币种，则按统计学方法计算均值。

⑤相对性原则。由于各年度和各币种市场价格的采录和计算均使用相对稳定的假设条件，计算结果的数据质量具有相对性、连续性和稳定性。如改变假设条件，将有可能出现不同的计算结果。

有关"中国现代贵金属币信息分析系统©"的结构及原理详见由西南财经大学出版社发行的《中国现代贵金属币市场分析》一书。

在《中国现代贵金属币市场分析报告（2013）》中没有特别说明时，所示的数量（枚）和重量（盎司）数据均为实铸实售量数据，或由实铸实售量计算得出的数据。在数据计算中，项目数、币种数和交易活跃度数据均为实际数据，其他显示数据按所示单位，均采用四舍五入方法计算得出。

2013 年"中国现代贵金属币信息分析系统©"的升级与调整由冯锐、陈岩磊、赵雨楠共同参与完成。在系统升级、采集相关数据和撰写本报告的过程中，得到了（以下按姓氏笔画为序）万志国、马伟东、王东阳、王立新、王翔、方茂森、左京华、白冰、刘山恩、刘子辉、汤国明、阮强、李波、李振亭、攸惠林、张荣华、张常群、陈建新、陈俊仁、陈皓然、武陆军、孟黎、赵涌、顾军、徐舰、郭学广、陶坚、黄瑞勇、梁聪怡、葛祖康、童刚、童维纳、曾卫胜等人士的大力支持和帮助，在此一并表示衷心感谢。

附图、附录、附表

第一章 附图、附录、附表

附图1　1979—2013年国内黄金年度平均价格走势图

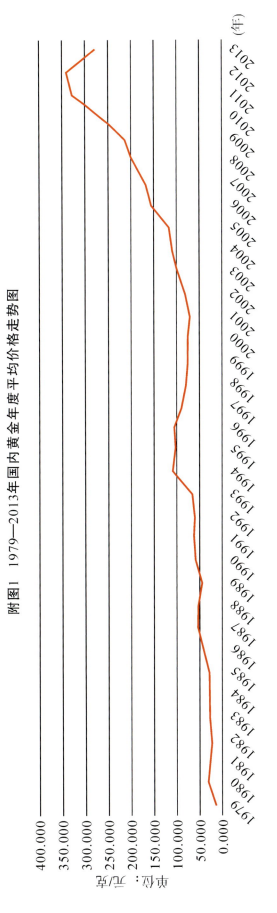

单位：元/克

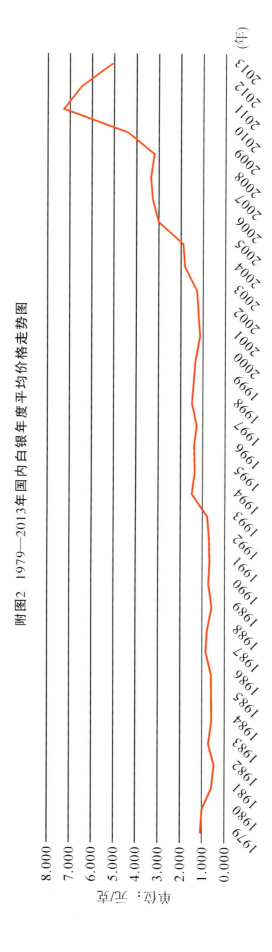

附图2 1979—2013年国内白银年度平均价格走势图

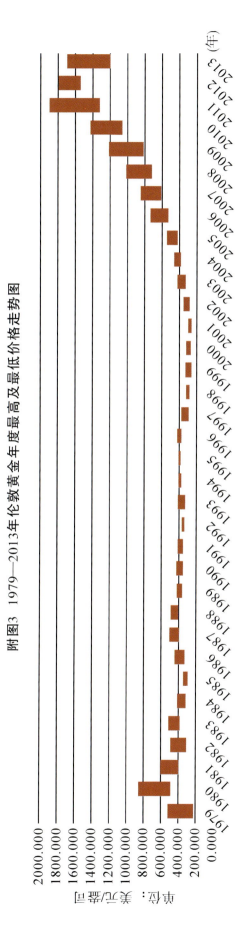

附图3　1979—2013年伦敦黄金年度最高及最低价格走势图

附图4 1979—2013年伦敦白银年度最高及最低价格走势图

单位：美元/盎司

附录 1 "价格变化因素权重"计算

●贵金属币价值＝贵金属价值+货币溢价因素提供的价值

注：

（1）"货币溢价因素提供的价值"简称"货币溢价因素"。

（2）价值的货币表现形式为价格，以下将使用"价格"一词。

●在某一特定区间、特定板块或币种中，市场价格、贵金属价格及货币溢价因素变动值的计算：

市场价格变动值（SBD）＝末期市场价格−初期市场价格

贵金属价格变动值（GBD）＝末期贵金属价格−初期贵金属价格

货币溢价因素变动值（HBD）＝SBD−GBD

注：结果为正数表明价格上涨；结果为负数表明价格下跌。

● "价格变化因素权重"计算

$$贵金属价格影响权重（GQZ）＝\frac{GBD}{SBD}×100\%$$

$$货币溢价因素影响权重（HQZ）＝\frac{HBD}{SBD}×100\%$$

注：

（1）GQZ+HQZ＝1，说明"贵金属价格影响权重"和"货币溢价因素影响权重"互为增减，是一对紧密相关的数据。

（2）GQZ 和 HQZ 两个数值有可能为负数，此时说明在市场价格变动中，它与"市场价格变动值"的变动方向相反。

（3）SBD、GBD 和 HBD 的值理论上有可能为零，但在市场实践中为极小概率事件。为简化起见，本计算暂未设置这种情况。

附表 1　　2013 年贵金属币市场价格变化及价格变化因素权重分析汇总表

单位：亿元

		2013年大盘	2012年大盘					2011年大盘				
			2013年数据	2012年数据	变化值	影响总值变化的权重（%）	变化幅度（%）	2013年数据	2012年数据	2011年数据	与2013年相比变化幅度（%）	与2012年相比变化幅度（%）
大盘	市场价总值	1 184.41	1 101.17	1 409.85	−308.68		−21.89	1 008.91	1 293.04	1 544.71	−34.69	−16.29
	变动成本总值	637.04	580.06	804.82	−224.75	−72.81		520.40	721.90	706.51		
	货币溢价因素总值	547.37	521.11	605.04	−83.93	−27.19		488.51	571.15	838.21		
金币	市场价总值	877.31	811.21	1 025.98	−214.77		−20.93	738.84	935.06	1 080.65	−31.63	−13.47
	变动成本总值	557.97	508.60	696.60	−188.00	−87.54		455.94	624.47	598.75		
	货币溢价因素总值	319.34	302.61	329.38	−26.77	−12.46		282.91	310.59	481.90		
银币	市场价总值	288.85	271.71	359.65	−87.93		−24.45	251.82	333.75	431.26	−41.61	−22.61
	变动成本总值	73.93	66.33	102.24	−35.91	−40.84		59.33	91.45	101.34		
	货币溢价因素总值	214.92	205.39	257.41	−52.02	−59.16		192.49	242.30	329.92		
投资币	市场价总值	512.86	469.38	608.75	−139.37		−22.89	428.82	555.99	593.71	−27.77	−6.35
	变动成本总值	392.43	352.59	486.03	−133.44	−95.75		317.04	436.85	423.01		
	货币溢价因素总值	120.43	116.80	122.72	−5.93	−4.25		111.78	119.14	170.70		
投资金币	市场价总值	464.10	426.18	553.79	−127.61		−23.04	390.32	506.09	544.58	−28.33	−7.07
	变动成本总值	369.97	334.47	458.10	−123.63	−96.88		301.76	413.29	396.58		
	货币溢价因素总值	94.13	91.71	95.69	−3.98	−3.12		88.56	92.80	148.00		
投资银币	市场价总值	48.76	43.20	54.97	−11.76		−21.40	38.50	49.90	49.13	−21.63	1.56
	变动成本总值	22.45	18.12	27.94	−9.82	−83.45		15.28	23.56	26.44		
	货币溢价因素总值	26.30	25.08	27.03	−1.95	−16.55		23.22	26.34	22.70		

附表 1（续）

		2013年大盘	2012年大盘					2011年大盘				
			2013年数据	2012年数据	变化值	影响总值变化的权重（%）	变化幅度（%）	2013年数据	2012年数据	2011年数据	与2013年相比变化幅度（%）	与2012年相比变化幅度（%）
纪念币	市场价总值	671.55	631.79	801.10	-169.31		-21.13	580.09	737.05	951.00	-39.00	-22.50
	变动成本总值	244.61	227.48	318.78	-91.31	-53.93		203.36	285.05	283.49		
	货币溢价因素总值	426.94	404.31	482.32	-78.00	-46.07		376.73	452.00	667.51		
纪念金币	市场价总值	413.21	385.03	472.19	-87.17		-18.46	348.53	428.97	536.07	-34.98	-19.98
	变动成本总值	188.00	174.13	238.51	-64.37	-73.85		154.18	211.18	202.17		
	货币溢价因素总值	225.21	210.89	233.69	-22.79	-26.15		194.34	217.79	333.90		
纪念银币	市场价总值	240.09	228.51	304.68	-76.17		-25.00	213.32	283.86	382.13	-44.18	-25.72
	变动成本总值	51.48	48.21	74.30	-26.10	-34.26		44.05	67.89	74.91		
	货币溢价因素总值	188.61	180.31	230.38	-50.07	-65.74		169.27	215.96	307.22		
纪念钯币	市场价总值	0.70	0.70	0.88	-0.18		-20.44	0.70	0.88	1.03	-32.23	-14.82
	变动成本总值	0.42	0.42	0.38	0.04	22.37		0.42	0.38	0.44		
	货币溢价因素总值	0.28	0.28	0.50	-0.22	-122.37		0.28	0.50	0.59		
纪念铂币	市场价总值	11.95	11.95	16.12	-4.17		-25.89	11.95	16.12	21.54	-44.53	-25.16
	变动成本总值	3.16	3.16	3.46	-0.30	-7.27		3.16	3.46	3.93		
	货币溢价因素总值	8.79	8.79	12.66	-3.87	-92.73		8.79	12.66	17.60		
双金属币	市场价总值	5.60	5.60	7.23	-1.63		-22.48	5.60	7.23	10.24	-45.27	-29.40
	变动成本总值	1.56	1.56	2.13	-0.57	-35.36		1.56	2.13	2.04		
	货币溢价因素总值	4.05	4.05	5.10	-1.05	-64.64		4.05	5.10	8.20		

附图5　1982—2013年贵金属投资币发行数量分布图

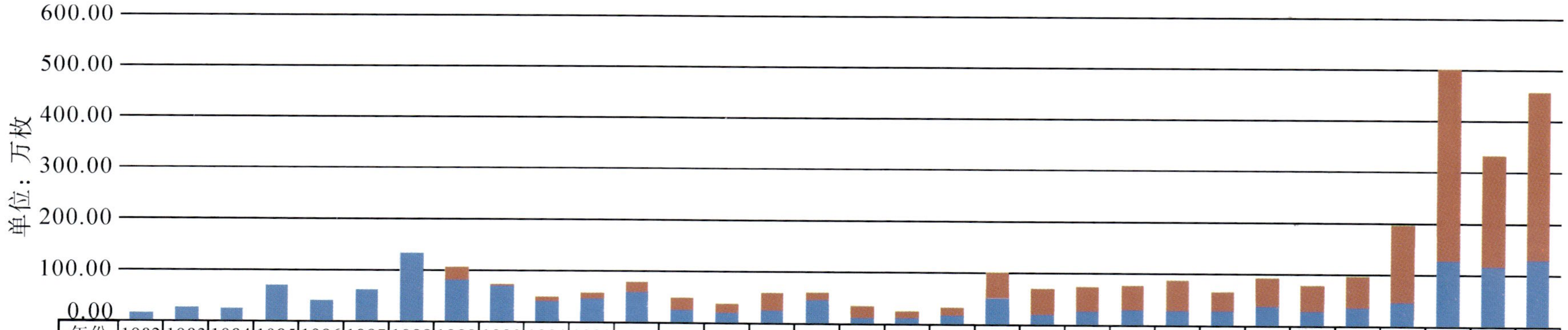

单位：万枚

年份	1982	1983	1984	1985	1986	1987	1988	1989	1990	1991	1992	1993	1994	1995	1996	1997	1998	1999	2000	2001	2002	2003	2004	2005	2006	2007	2008	2009	2010	2011	2012	2013
银币								25.00	4.50	9.10	9.92	19.89	22.66	18.49	33.17	15.49	24.38	11.80	16.90	50.00	50.00	50.00	46.00	60.00	39.18	56.17	50.21	60.00	150.0	377.6	216.5	330.6
金币	14.43	25.53	24.54	70.31	40.78	61.83	133.48	81.52	68.49	40.87	46.51	59.09	24.93	18.44	24.61	45.22	10.69	11.51	16.10	50.96	18.66	25.38	29.50	27.56	27.15	37.14	27.14	35.84	46.02	125.9	116.3	129.0

附图6 1982—2013年贵金属投资币发行重量分布图

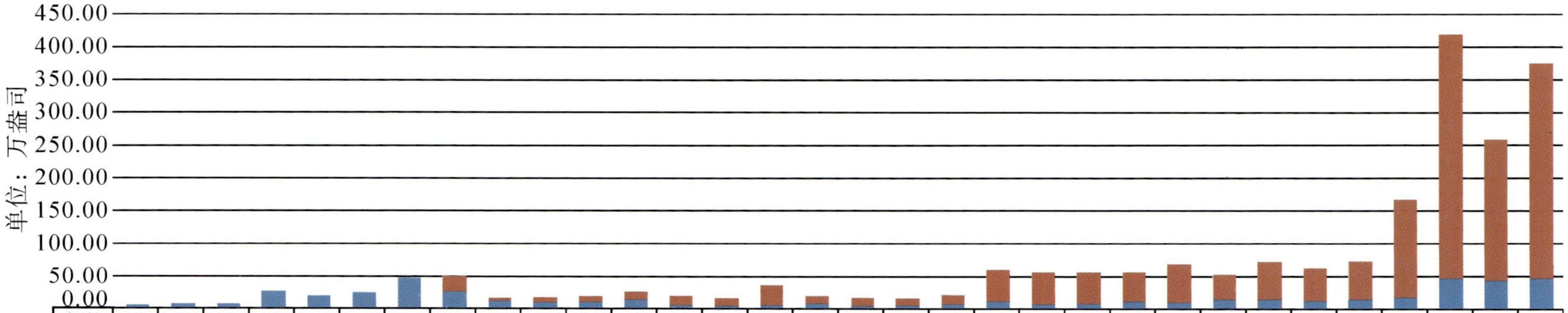

单位：万盎司

年份	1982	1983	1984	1985	1986	1987	1988	1989	1990	1991	1992	1993	1994	1995	1996	1997	1998	1999	2000	2001	2002	2003	2004	2005	2006	2007	2008	2009	2010	2011	2012	2013
银币		6.25	5.67	25.20	18.30	24.92	47.97	25.00	4.50	9.10	9.92	19.89	22.66	18.49	33.17	15.49	24.38	11.80	16.90	50.00	50.00	50.00	46.00	60.00	39.18	56.17	50.21	60.00	150.0	377.6	216.5	330.6
金币	4.00						25.32	11.83	8.32	9.09	13.06	4.97	3.57	4.58	7.55	3.41	4.52	5.22	10.43	5.47	6.64	9.69	8.89	13.90	14.93	10.98	13.76	17.37	45.27	42.39	46.01

附图7 2013年年底投资币市场价分布图

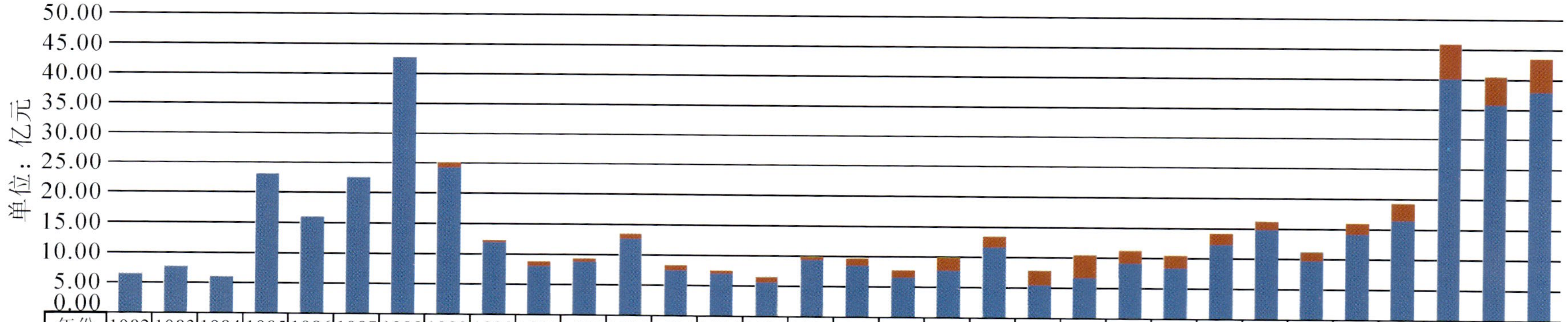

单位：亿元

年份	1982	1983	1984	1985	1986	1987	1988	1989	1990	1991	1992	1993	1994	1995	1996	1997	1998	1999	2000	2001	2002	2003	2004	2005	2006	2007	2008	2009	2010	2011	2012	2013
银币								0.95	0.22	0.76	0.72	0.81	0.89	0.52	0.82	0.45	1.17	1.27	2.19	1.87	2.31	3.76	2.14	2.20	1.79	1.50	1.44	1.86	3.00	5.89	4.70	5.55
金币	6.49	7.74	6.07	23.19	15.95	22.52	42.68	24.21	12.03	8.00	8.70	12.64	7.34	6.87	5.57	9.37	8.45	6.40	7.67	11.62	5.46	6.68	9.06	8.23	12.28	14.81	9.71	14.13	16.39	40.06	35.86	37.92

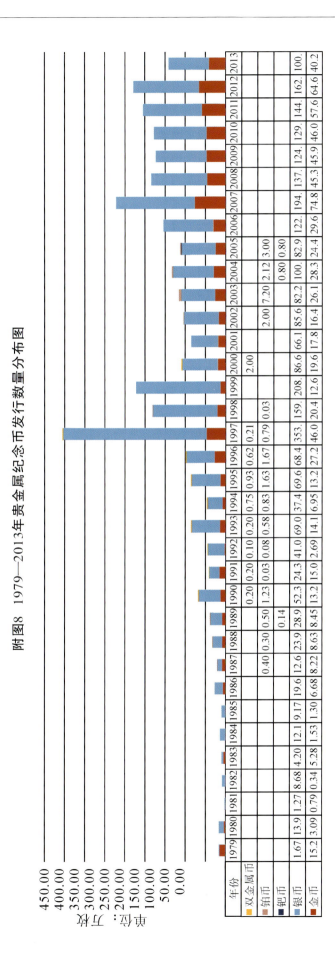

附图8　1979—2013年贵金属纪念币发行数量分布图

数量：万枚

年份	1979	1980	1981	1982	1983	1984	1985	1986	1987	1988	1989	1990	1991	1992	1993	1994	1995	1996	1997	1998	1999	2000	2001	2002	2003	2004	2005	2006	2007	2008	2009	2010	2011	2012	2013
双金属币																						2.00				2.12	3.00								
铂币									0.40	0.30	0.50	1.23	0.20	0.10	0.20	0.75	0.93	0.62	0.21	0.03				2.00	7.20										
钯币											0.14		0.03	0.08	0.58	0.83	1.63	1.67	0.79							0.80	0.80								
银币	1.67	13.9	1.27	8.68	4.20	12.1	9.17	19.6	12.6	23.9	28.9	52.3	24.3	41.0	69.0	37.4	69.6	68.4	353.	159.	208.	86.6	66.1	85.6	82.2	100.	82.9	122.	194.	137.	124.	129.	144.	162.	100.
金币	15.2	3.09	0.79	0.34	5.28	1.53	1.30	6.68	8.22	8.63	8.45	13.2	15.0	2.69	14.1	6.95	13.2	27.2	46.0	20.4	12.6	19.6	17.8	16.4	26.1	28.3	24.4	29.6	74.8	45.3	45.9	46.0	57.6	64.6	40.2

附图9　1979—2013年贵金属纪念币发行重量分布图

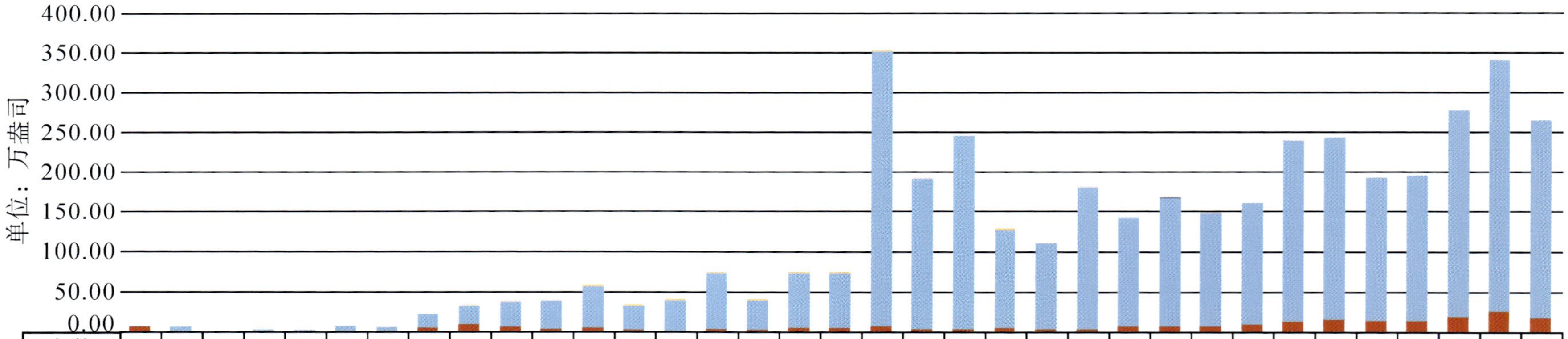

单位：万盎司

年份	双金属币	铂币	钯币	银币	金币
1979				0.93	7.66
1980				6.22	0.92
1981				0.81	0.33
1982				4.33	0.09
1983				2.46	0.25
1984				7.90	0.77
1985				6.35	0.40
1986				17.0	5.39
1987		0.40		23.6	9.82
1988		0.40	0.30	31.8	6.63
1989		0.50	0.14	35.5	4.13
1990		0.14	0.44	53.3	4.66
1991		0.08	0.03	30.9	2.50
1992		0.01	0.08	39.0	1.77
1993		0.08	0.09	69.9	4.28
1994		0.16	0.09	38.6	2.11
1995		0.53	0.18	68.2	5.46
1996		0.34	0.17	68.9	4.85
1997		0.12	0.09	346.	7.51
1998			0.03	188.	4.20
1999				243.	4.06
2000	1.10			123.	4.51
2001				107.	4.22
2002			0.20	176.	4.20
2003		0.47		135.	7.35
2004		0.40	0.40	160.	7.96
2005		0.18	0.30	140.	7.12
2006				151.	9.82
2007				228.	12.8
2008				229.	15.8
2009				179.	14.0
2010				182.	15.1
2011				260.	18.9
2012				317.	25.8
2013				249.	17.9

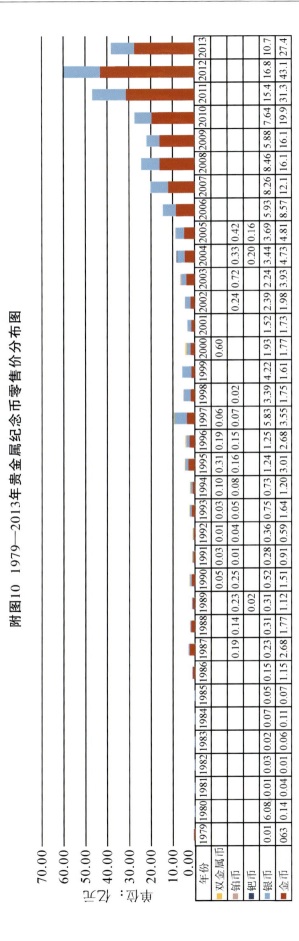

附图10　1979—2013年贵金属纪念币零售价分布图

单位：亿元

年份	1979	1980	1981	1982	1983	1984	1985	1986	1987	1988	1989	1990	1991	1992	1993	1994	1995	1996	1997	1998	1999	2000	2001	2002	2003	2004	2005	2006	2007	2008	2009	2010	2011	2012	2013
双金属币																						0.60		0.24	0.72	0.33	0.42								
铂币									0.19	0.14		0.23	0.25	0.01	0.03	0.05	0.16	0.15	0.07	0.02															
钯币											0.02															0.20	0.16								
银币	0.01	6.08	0.01	0.03	0.02	0.07	0.05	0.15	0.23	0.31	0.31	0.52	0.28	0.36	0.75	0.73	1.24	1.25	5.83	3.39	4.22	1.93	1.52	2.39	2.24	3.44	3.69	5.93	8.26	8.46	5.88	7.64	15.4	16.8	10.7
金币	063	0.14	0.01	0.04	0.06	0.11	0.07	1.15	2.68	1.77	1.12	1.51	0.91	0.59	1.64	1.20	3.01	2.68	3.55	1.75	1.61	1.77	1.73	1.98	3.93	4.73	4.81	8.57	12.1	16.1	16.1	19.9	31.3	43.1	27.4

单位：亿元

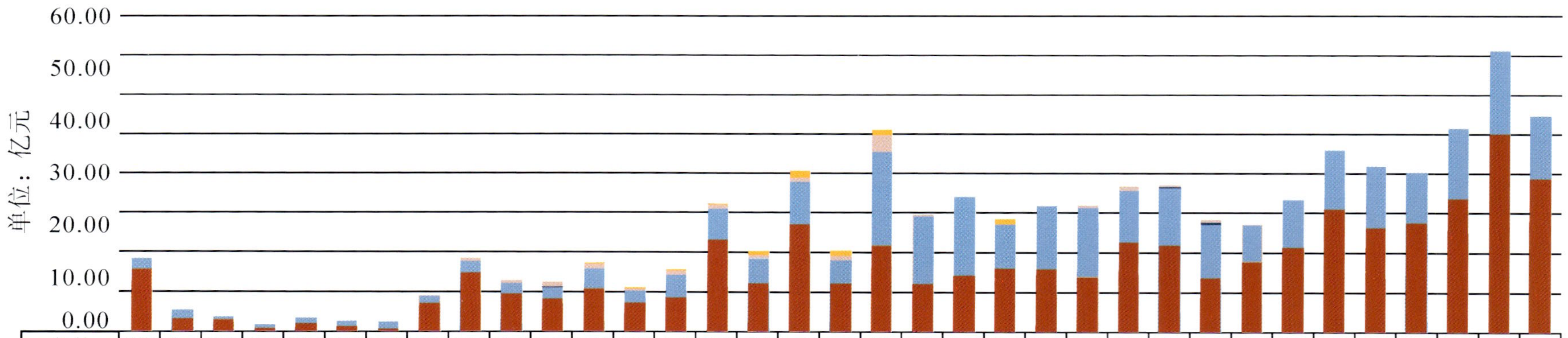

年份	1979	1980	1981	1982	1983	1984	1985	1986	1987	1988	1989	1990	1991	1992	1993	1994	1995	1996	1997	1998	1999	2000	2001	2002	2003	2004	2005	2006	2007	2008	2009	2010	2011	2012	2013
双金属币												0.21	0.05	0.09	0.10	0.66	1.38	0.95	1.11			0.97													
角币									0.59	0.50	0.88	0.84	0.30	0.69	0.76	0.67	0.62	0.71	2.87	0.31				0.40	0.90	0.36	0.54								
钯币											0.20															0.27	0.23								
银币	1.85	1.58	0.62	0.64	1.18	1.11	1.33	1.39	2.08	2.01	1.96	3.61	2.17	4.33	5.60	4.59	7.77	4.36	17.2	12.3	14.5	7.81	11.5	12.5	9.25	10.3	9.82	6.61	8.64	10.9	11.2	9.32	12.9	15.1	11.5
金币	11.4	2.37	2.21	1.45	0.70	1.02	0.56	5.21	10.87	7.00	6.05	7.94	5.39	6.26	16.9	8.86	19.7	8.87	15.8	8.74	20.3	11.8	11.6	10.1	16.5	15.9	9.94	13.0	15.5	22.4	19.2	20.0	24.4	36.5	28.1

附图11　2013年贵金属纪念币市场价分布图

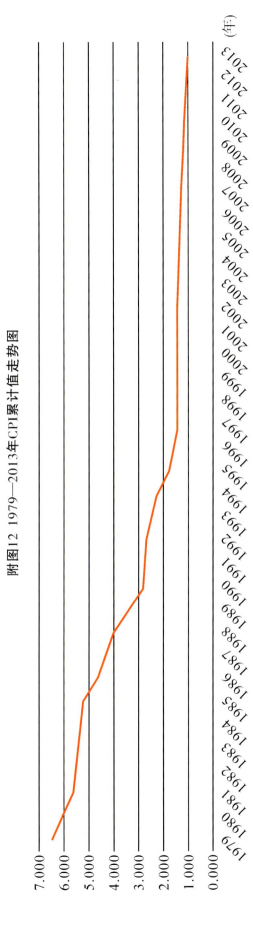

附图12 1979—2013年CPI累计值走势图

附图13　1979—2013年存款利率累计值走势图

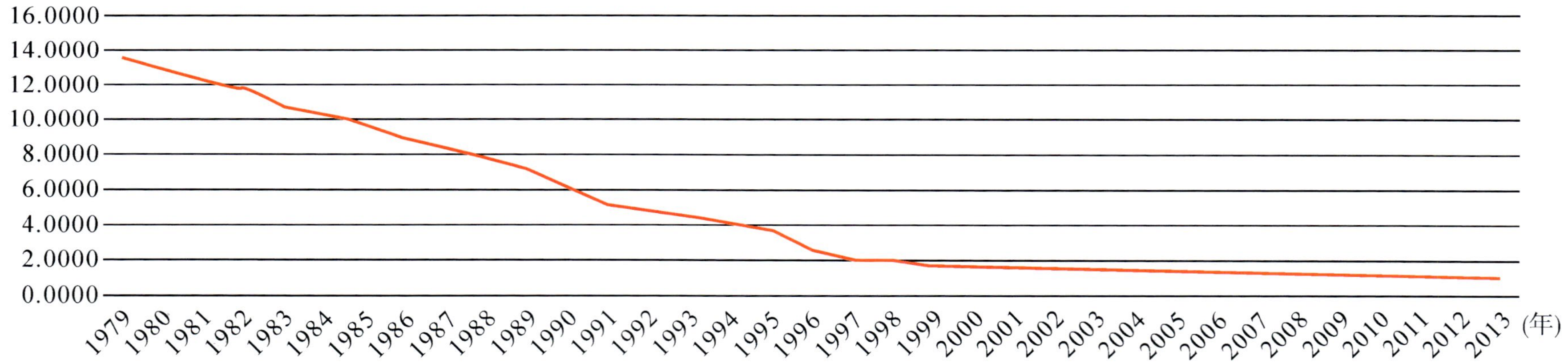

16.0000
14.0000
12.0000
10.0000
8.0000
6.0000
4.0000
2.0000
0.0000

1979 1980 1981 1982 1983 1984 1985 1986 1987 1988 1989 1990 1991 1992 1993 1994 1995 1996 1997 1998 1999 2000 2001 2002 2003 2004 2005 2006 2007 2008 2009 2010 2011 2012 2013 (年)

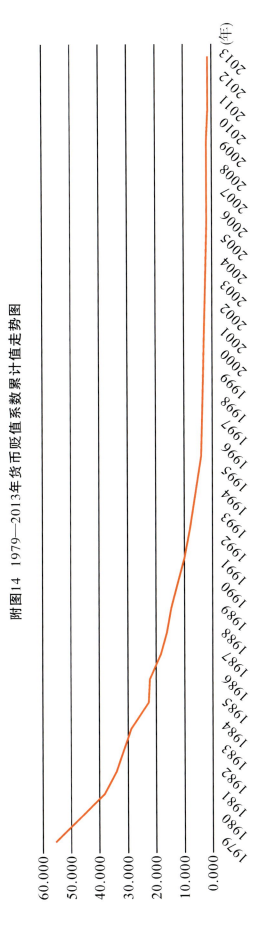

附图14 1979—2013年货币贬值系数累计值走势图

附表2　　　　　中国现代贵金属币发行币种分类统计表　　　　　单位：枚

		金（Au）	银（Ag）	钯（Pd）	铂（Pt）	合计
普制	普制本色	203	92			295
	普制异形本色	12	12			24
	普制加字	24	36			60
	普制镀金加字		10			10
	普制镀金		2			2
	普制方孔	1	1			2
	普制加厚		2			2
	普制硫化		1			1
	普制币小计	240	156			396
精制	精制本色	489	587	3	54	1 133
	精制彩色	61	112			173
	精制异型本色	70	88			158
	精制异型彩色	9	31			40
	精制双金属	20				20
	精制本色加字				1	1
	精制彩色镀金		2			2
	精制双金属加字	3				3
	精制幻彩	5	1			6
	精制方孔	1	1			2
	精制喷砂		4			4
	精制镀金加字		1			1
	精制本色加厚	3	9			12
	精制硫化		1			1
	精制币小计	661	837	3	55	1 556
合计		901	993	3	55	1 952

附表3 中国现代贵金属币发行重量规格分类统计表

金币重量规格	枚数	银币重量规格	枚数	铂币重量规格	枚数	钯币重量规格	枚数	双金属币规格	枚数	合计
10千克	10									10
5千克	1									1
2千克	1									1
1千克	52	1千克	60							112
20盎司	3	20盎司	5							8
18两	1									1
12盎司	22	12盎司	28							50
								5盎司金+2盎司银	3	3
5盎司	105	5盎司	116							221
3.3两	1	3.3两	2							3
2盎司	1	2盎司	35							36
		44克	5							5
1盎司	122	1盎司	413	1盎司	23	1盎司	1			559
		30克	10							10
		27克	97							97
		24克	2							2
		22克	92							92
		2/3盎司	11							11
20克	1	20克	5							6
16克	1									1
								1/2盎司金+1/5盎司银	4	4
								1/2盎司金+1/20盎司银	1	1
1/2盎司	185	1/2盎司	41	1/2盎司	2	1/2盎司	2			230
		15克	41							41
								1/3盎司金+1/6盎司银	1	1
1/3盎司	51									51
10克	2	10克	1							3
8克	24									24
								1/4盎司金+1/8盎司银	8	8
1/4盎司	119	1/4盎司	27	1/4盎司	12					158
								1/10盎司金+1/28盎司银	6	6
1/10盎司	108			1/10盎司	10					118
		2克	2							2
1/20盎司	40			1/20盎司	8					48
1/25盎司	25									25
1克	3									3
合计	878		993		55		3		23	1 952

第二章 附表

附表4

2013年板块与2012年板块统计数据对比分析表

项目		2013年板块			2012年板块（2012年数据）		
		总量	投资币	纪念币	总量	投资币	纪念币
项目数（个）		10	1	10	11	1	11
币种数（个）		53	6	47	56	6	50
枚数（万枚）	公告量	1 325.12	1 140.00	185.12	1 382.87	1 140	242.87
	实铸量	599.98	459.62	140.37	559.66	332.85	226.81
重量（万盎司）	公告量	1 285.46	917.00	368.46	1 301.56	917	384.56
	实铸量	644.02	376.62	267.40	601.84	258.92	342.92
实铸量价格指标（亿元）	不变成本总值	65.25	45.24	20.01	82.53	49.18	33.34
	零售价总值	90.29	52.12	38.17	114.80	54.90	59.91
	变动成本总值	56.97	39.84	17.14	82.92	49.18	33.74
市场价市值	上市一周			44.66			66.07
	上市三个月			40.89			62.30
	年底	83.24	43.47	39.76	116.81	52.76	64.05
交易活跃度指标	成交顺畅	30	6	24	46	6	40
	成交不畅	12	0	12	9	0	9
	成交困难	8	0	8	0	0	0
评价投资价值绝对指标	S/BB	1.276	0.961	1.987	1.415	1.073	1.921
	S/L	0.922	0.834	1.042	1.017	0.961	1.069
	L/BB	1.384	1.152	1.907	1.391	1.116	1.797
	S/BD	1.461	1.091	2.320	1.409	1.073	1.898
评价投资价值相对指标	CBZ	0.896	0.797	0.983	1.068	0.968	1.094
	LBZ	0.893	0.794	0.979	1.096	0.993	1.122
	HBZ	0.868	0.772	0.952	1.034	0.937	1.059
	GBZ-1	2.328	1.170	2.488	1.956	1.141	2.086
	BH	7.483	5.002	8.020	6.988	5.179	7.742

附表5　　　　　2003—2013 年国际官方铸币用金量统计表　　　　　单位：吨

年度	2004	2005	2006	2007	2008	2009	2010	2011	2012	2013
美国	18	14	27.5	19	31.8	50.9	45.2	37.6	28	34
土耳其	47	52	56.7	56.7	53.1	30.9	35.6	58.9	39.5	84.4
加拿大	8.8	10.2	8.3	9	27.6	38.2	35	36.2	24.2	33.7
奥地利	8	7.2	4.4	5.3	24.9	33.4	18.5	21.7	12.8	18.5
南非	3.5	1.5	2.4	6.8	8.7	23.2	20.4	24.1	23.7	
伊朗	4.6	4.2	4	4.5	5.3	7.6	9.4	9.6	9.2	
澳大利亚	5.2	4.4	5.3	5.6	9.6	11	9.5	11	10.3	15.5
俄罗斯	1.4	0.9	1.6	4.3	5.7	6.5	5.6	4.6	4.5	
德国	6.2	5.5	5.5	5.5	5.5	5.5	5.5	5.5	5.5	5.4
墨西哥	1.3	1.9	1.4	1.2	2.5	3.4	3.8	1.9	2.3	
英国	3.2	3.3	3.5	3.4	4.3	4.7	4.4	5.8	6.9	
其他国家	3.7	3.1	2.4	3.2	5.3	8.2	7.5	8	8	72
世界小计	110.9	108.2	123	124.5	184.3	223.5	200.4	224.9	174.9	263.5
中国（大陆地区）	5.4	5	7.1	8.6	8.3	8.2	10.1	21.3	21.2	19.9
世界合计	116.3	113.2	130.1	133.1	192.6	231.7	210.5	246.2	196.1	283.4
中国/世界（%）	4.64	4.42	5.46	6.46	4.31	3.54	4.80	8.64	12.12	7.02

注：部分数据来源于汤森路透《GMFS2014 年黄金年鉴》。

附表6 2004—2013 年国内黄金主要用途及结构统计表

单位：吨

年度		2004	2005	2006	2007	2008	2009	2010	2011	2012	2013
用途及结构	合计	249.4	270.0	282.2	356.4	440.9	526.3	686.9	893.8	850.50	1 171.27
	黄金首饰	224.1	241.4	244.7	303.2	340.6	376.3	451.8	549.6	502.71	716.50
	实物金条	6.7	9.0	10.1	21.0	60.8	102.3	178.6	271.9	239.98	375.73
	工业用金	13.2	14.6	20.3	23.6	31.2	39.5	46.4	51.0	48.85	48.74
	官方铸币	5.4	5.0	7.1	8.6	8.3	8.2	10.1	21.3	21.23	19.90
	其他									15.30	10.40
官方铸币/合计（%）		2.17%	1.85%	2.52%	2.41%	1.88%	1.56%	1.47%	2.38%	2.50%	1.70%

注：官方铸币数据来源于"中国现代贵金属币信息分析系统©"。

2004—2011 年数据来源于汤森路透《GMFS2012 黄金年鉴》。

2012—2013 年数据来源于中国黄金协会。

附表 7　　　2013 年板块纪念币公告量与实铸量对比分析表

		币种数（个）	数量（万枚）			重量（万盎司）		
			公告量	实铸量	实铸率（%）	公告量	实铸量	实铸率（%）
纪念币	总数	47	185.12	140.37	75.82	368.46	267.40	72.57
	金币	23	52.02	40.21	77.30	22.49	17.97	79.91
	银币	24	133.10	100.16	75.25	345.97	249.43	72.10
事件类纪念币	总数	9	31.50	28.60	90.79	25.38	22.96	90.49
	金币	4	8.50	7.85	92.35	2.38	2.21	93.16
	银币	5	23.00	20.75	90.22	23.00	20.75	90.22
文化类纪念币	总数	38	153.62	111.77	72.76	343.08	244.44	71.25
	金币	19	43.52	32.36	74.35	20.12	15.76	78.34
	银币	19	110.10	79.41	72.12	322.97	228.68	70.81
大规格纪念币	总数	9	3.17	2.60	81.85	102.88	84.36	82.00
	金币	5	0.07	0.07	91.85	3.21	3.02	93.99
	银币	4	3.10	2.53	81.61	99.67	81.34	81.61
中规格纪念币	总数	10	12.60	8.24	65.37	63.00	41.19	65.37
	金币	6	1.60	1.20	74.81	8.00	5.99	74.81
	银币	4	11.00	7.04	64.00	55.00	35.20	64.00
小规格纪念币	总数	26	167.30	128.46	76.78	136.68	107.32	78.52
	金币	11	50.30	38.91	77.36	9.68	7.77	80.34
	银币	15	117.00	89.55	76.54	127.00	99.55	78.39

附表 8		2013 年与 2012 年纪念币实铸量对比分析表					
		实铸量（万枚）			实铸量（万盎司）		
		2012 年	2013 年	变化幅度（%）	2012 年	2013 年	变化幅度（%）
纪念币	总数	226.81	140.37	−38.11	342.92	267.40	−22.02
	金币	64.65	40.21	−37.80	25.86	17.97	−30.50
	银币	162.16	100.16	−38.24	317.06	249.43	−21.33
事件类纪念币	总数	85.20	28.60	−66.43	65.03	22.96	−64.69
	金币	21.20	7.85	−62.97	7.03	2.21	−68.51
	银币	64.00	20.75	−67.58	58.00	20.75	−64.22
文化类纪念币	总数	141.61	111.77	−21.07	277.89	244.44	−12.04
	金币	43.45	32.36	−25.53	18.83	15.76	−16.32
	银币	98.16	79.41	−19.10	259.06	228.68	−11.73
大规格纪念币	总数	3.64	3.67	0.78	117.67	118.90	1.05
	金币	0.08	0.10	25.48	3.21	4.21	31.36
	银币	3.56	3.57	0.20	114.46	114.68	0.20
中规格纪念币	总数	14.97	8.24	−44.98	74.85	41.19	−44.98
	金币	1.97	1.20	−39.24	9.85	5.99	−39.24
	银币	13.00	7.04	−45.85	65.00	35.20	−45.85
小规格纪念币	总数	208.20	128.46	−38.30	150.40	107.32	−28.64
	金币	62.60	38.91	−37.84	12.80	7.77	−39.28
	银币	145.60	89.55	−38.50	137.60	99.55	−27.65

附表9　　　　　　　2013 年纪念币零售指导价溢价率对比分析表

对比项目		1979—2012 年均值	2013 年数值	变化幅度（％）
综合	大盘	2.011	1.907	−5.17
	金币	1.665	1.669	0.24
	银币	3.225	2.783	−13.71
币种	大规格　10 千克金币	1.521	1.771	16.44
	大规格　1 千克金币	1.519	1.523	0.26
	大规格　1 千克银币	2.244	2.302	2.58
	中规格　5 盎司金币	1.617	1.699	5.07
	中规格　5 盎司银币	3.353	3.381	0.84
	小规格　2 盎司银币	3.325	2.630	−20.90
	小规格　1 盎司以下精制金币	1.699	1.793	5.53
	小规格　1 盎司以下普制金币	1.729	1.600	−7.46
	小规格　1 盎司以下精制银币	3.713	3.453	−7.00
	小规格　1 盎司以下普制银币	3.499	2.649	−24.29
项目类型	熊猫精制　金币	1.580	1.436	−9.11
	熊猫精制　银币	2.621	1.943	−25.87
	生肖　金币	1.611	1.856	15.21
	生肖　银币	3.297	3.561	8.01
	加字　金币	1.732	1.600	−7.62
	加字　银币	2.864	2.694	−5.94
	其他　事件类金币	1.729	1.594	−7.81
	其他　事件类银币	3.435	2.680	−21.98
	其他　文化类金币	1.625	1.715	5.54
	其他　文化类银币	3.107	2.794	−10.07

说明：

1. 零售指导价溢价率是指币种发行时的零售指导价与贵金属成本之间的溢价率（即 L/BB 值）。

2. 1979—2012 年均值是指通过 "中国现代贵金属币信息分析系统ⓒ" 检出的某板块零售指导价与贵金属成本之间溢价率的实际数值。

3. 2013 年均值是指对应板块零售指导价与贵金属成本之间的溢价率的实际数值。

附表 10　　　　　　　　　2013 年市场参与者利益分配关系分析表

		单位	贵金属币合计	投资币合计	纪念币合计
贵金属成本总值		亿元	65.25	45.24	20.01
批发价总值		亿元	84.26	49.66	34.61
批发毛利总值		亿元	19.01	4.42	14.59
零售价总值		亿元	90.28	52.12	38.17
批零差价总值		亿元	6.02	2.46	3.56
批零差价分布	直属机构	亿元	1.12	0.27	0.85
	金融机构	亿元	1.24	0.91	0.33
	经销商 海外机构	亿元	1.10	0.35	0.74
	经销商 国内特许机构	亿元	2.42	0.93	1.49
	经销商 做市商	亿元	0.14		0.14
	小计	亿元	6.02	2.46	3.56
市场价总值		亿元	83.24	43.47	39.76
盈亏计算（一）	市场价减零售价	亿元	-7.05	-8.64	1.59
	平均年回报率	%	-7.81%	-16.58%	4.18%
盈亏计算（二）市场价减批发价		亿元	-1.03	-6.18	5.16

注：

1. 各项差价总值的计算仅为理论值，不包括生产成本、经营成本、库存和税赋，也未计入在实际销售过程中有可能出现的价格浮动。

2. 在 2013 年发行增量中跌破发行价的币种 21 个，占 44.68%。

3. 在 2013 年发行增量中跌破批发价的币种 15 个，占 31.91%。

第三章附录、附表

附录2 "市场价格涨跌能力"计算

● "市场价格涨跌能力"可简称为"价格涨跌系数"（NLZ）。当市场大盘平均价格下跌时又可称为"抗跌系数"，当市场大盘平均价格上涨时又可简称为"助涨系数"。

注：下边的计算以2013年大盘和2012年大盘的计算为例。

● "市场价格涨跌能力"指标是相对指标，其计算方法如下：

◎ "相对基数"计算：

★计算在某一特定区间内，在扣除相应增量后，末期大盘与初期大盘相比的市场价格变化幅度值。

★ "相对基数"（A）＝ $\dfrac{2013\,年大盘发行存量市场价总值-2012\,年大盘市场价总值}{2012\,年大盘市场价总值}$

当A值为正数时，表明大盘上涨；当A值为负数时，表明大盘下跌。

◎ 在相同特定区间和条件下，某一特定板块或币种的市场价格变动值计算：

★特定板块或币种的市场价格变动值（X）＝ $\dfrac{2013\,年市场价-2012\,年市场价}{2012\,年市场价}$

当X值为正数时，表明价格上涨；当X值为负数时，表明价格下跌。

◎ "价格涨跌系数"计算（NLZ）：

以数值A为相对基数，在A<0的条件下，

$$\underset{x_1}{\vdash}\quad\underset{A}{|}\quad\underset{x_2}{|}\quad\underset{0}{|}\quad\underset{x_3}{|}\quad\blacktriangleright$$

当X<0时，NLZ＝ $\dfrac{|A|}{|X|}$ ；当X>0时，NLZ＝ $\dfrac{|A|+|X|}{|A|}$ 。

以数值A为相对基数，在A>0的条件下，

$$\underset{x_1}{\vdash}\quad\underset{0}{|}\quad\underset{x_2}{|}\quad\underset{A}{|}\quad\underset{x_3}{|}\quad\blacktriangleright$$

当X<0时，NLZ＝ $\dfrac{|A|}{|X|+|A|}$ ；当X>0时，NLZ＝ $\dfrac{|X|}{|A|}$ 。

注：

（1）当NLZ值大于1时，表明该板块或币种价格涨跌能力强于大盘，且数值越大表明能力越大；当NLZ值小于1时，表明该板块或币种价格涨跌能力弱于大盘，且数值越小表明能力越小。

（2）A和X两个数值在理论上可能为零，但在市场实践中为极小概率事件。为简化起见，本计算暂未设置这种情况。

附表11-1

2012年大盘纪念币主要板块分析数据汇总表（1）

项目明细		币种数（个）	实铸量/实售量（万盎司）	市场价值（亿元）		评价投资价值绝对指标				评价投资价值相对指标				价格变化因素权重（%）		抗跌系数（NTZ）
				2013年年底	2012年年底	S/BB	S/L	L/BB	S/BD	CBZ	LBZ	HBZ	BH	贵金属价格变动权重（GQZ）	货币溢价因素价格变动权重（HQZ）	
2012年大盘纪念币	总数	1 710	3 909.70	631.79	801.10	4.223	2.100	2.011	2.777	2.237	1.437	1.009	10.367	53.93	46.07	1.036
项目主题板块	熊猫	313	743.02	114.09	141.21	3.075	1.640	1.875	2.012	1.405	1.014	0.724	7.525	80.29	19.71	1.140
	生肖	322	821.74	191.62	247.98	4.657	2.369	1.966	3.634	3.066	2.252	1.467	15.915	37.28	62.72	0.963
	历史事件	155	462.09	69.16	86.77	3.517	1.772	1.985	1.972	1.480	1.108	0.813	8.407	79.01	20.99	1.078
	历史人物	133	141.11	27.66	36.05	15.110	6.560	2.303	4.258	2.488	1.537	0.809	9.851	32.26	67.74	0.941
	中华文化文明	516	907.63	151.14	190.92	6.507	3.072	2.118	3.781	3.120	2.120	1.365	13.591	41.72	58.28	1.051
	体育	122	495.45	37.31	46.39	2.388	1.032	2.312	1.643	1.336	0.746	0.470	6.126	104.16	-4.16	1.118
	风景名胜	77	191.43	23.74	29.50	2.508	1.359	1.846	2.479	2.276	1.379	0.851	8.851	68.53	31.47	1.121
	珍稀动物	23	37.53	4.01	4.81	9.977	3.923	2.543	2.565	2.581	1.396	0.885	8.400	83.17	16.83	1.326
	其他	49	109.70	13.06	17.46	11.298	3.967	2.848	4.909	1.737	1.237	0.709	9.149	27.89	72.11	0.868
贵金属材质板块	金币	691	225.67	385.03	472.19	3.331	2.000	1.665	2.211	2.233	1.399	0.998	8.429	73.85	26.15	1.186
	银币	938	3 677.01	228.51	304.68	7.126	2.209	3.225	4.740	2.275	1.570	1.055	13.024	34.26	65.74	0.876
	钯币	3	0.94	0.70	0.88	4.678	1.869	2.503	1.661	1.092	0.967	0.713	4.771	-22.37	122.37	1.071
	铂币	55	3.54	11.95	16.12	9.426	3.822	2.466	3.784	1.773	1.000	0.650	7.525	7.27	92.73	0.846
	双金属币	23	2.55	5.60	7.23	10.623	4.072	2.609	3.598	2.489	1.339	0.912	11.644	35.36	64.64	0.974

附表 11-2

2012 年大盘纪念币主要板块分析数据汇总表（2）

项目明细		币种数（个）	实售量（万盎司）	市场价总值（亿元）		评价投资价值绝对指标				评价投资价值相对指标				价格变化因素权重（%）		抗跌系数（NLZ）
				2013年年底	2012年年底	S/BB	S/L	L/BB	S/BD	CBZ	LBZ	HBZ	BH	贵金属价格变动权重（GQZ）	货币溢价因素价格变动权重（HQZ）	
重量规格板块	大规格总数	113	778.00	81.47	96.86	3.658	2.029	1.803	3.258	2.440	2.213	1.545	12.700	71.15	28.85	1.378
	金币	58	19.52	41.19	44.71	3.037	1.999	1.519	2.734	2.389	2.167	1.559	11.510	157.99	−57.99	2.778
	银币	55	758.48	40.28	52.15	4.624	2.060	2.244	4.051	2.490	2.221	1.532	13.990	45.38	54.62	0.962
	中规格总数	273	474.32	126.64	157.15	4.331	2.347	1.845	3.048	4.090	2.598	1.689	18.474	53.52	46.48	1.128
	金币	125	46.36	88.19	106.18	3.473	2.145	1.619	2.465	4.064	2.564	1.657	14.979	73.60	26.40	1.292
	银币	145	427.65	36.51	48.91	9.668	2.884	3.352	6.512	4.137	2.630	1.690	21.907	24.37	75.63	0.863
	双金属币	3	0.32	1.94	2.06	27.063	11.446	2.365	11.068	4.609	2.598	1.689	18.474	58.09	41.91	4.014
	小规格总数	1 321	2 654.04	422.19	545.33	4.304	2.043	2.107	2.625	1.894	1.219	0.839	9.253	51.97	48.03	0.970
	金币	507	159.76	255.05	320.62	3.328	1.951	1.706	2.069	2.010	1.215	0.839	7.539	69.48	30.52	1.071
	银币	736	2 487.56	150.84	202.54	7.709	2.119	3.637	4.625	1.763	1.280	0.860	11.391	34.16	65.84	0.858
	钯币	3	0.94	0.70	0.88	4.678	1.869	2.503	1.661	1.092	0.967	0.713	4.771	−22.37	122.37	1.071
	铂币	55	3.54	11.95	16.12	9.426	3.822	2.466	3.784	1.773	1.000	0.650	7.525	7.27	92.73	0.846
	双金属币	20	2.23	3.66	5.17	8.032	3.034	2.647	2.649	2.270	1.236	0.832	10.406	33.68	66.32	0.749

附表11-2（续）

项目明细		币种数（个）	实铸量 实售量（万盎司）	市场价总值（亿元）		评价投资价值绝对指标				评价投资价值相对指标				价格变化因素权重（%）		抗跌系数（NLZ）
				2013年年底	2012年年底	S/BB	S/L	L/BB	S/BD	CBZ	LBZ	HBZ	BH	贵金属价格变动权重（GQZ）	货币溢价因素价格变动权重（HQZ）	
	总数	505	136.19	127.89	163.20	15.785	8.632	1.829	4.227	5.092	2.688	1.619	18.182	30.86	69.14	1.012
	金币	291	34.07	93.47	117.58	13.374	7.968	1.679	3.555	4.261	2.296	1.383	14.356	40.43	59.57	1.068
	银币	150	98.49	22.11	29.81	63.508	19.081	3.328	17.127	11.203	5.913	3.402	47.867	9.05	90.95	0.848
	钯币	1	0.14	0.20	0.24	26.622	11.083	2.402	3.208	3.363	1.543	0.750	9.250	-14.87	114.87	1.316
	铂币	41	2.05	7.47	9.88	16.195	6.601	2.453	4.097	3.613	1.914	1.314	14.542	7.18	92.82	0.900
"老精稀"板块	双金属币	22	1.45	4.63	5.70	15.652	5.970	2.622	5.906	2.566	1.371	0.931	11.700	27.04	72.96	1.169
	大规格金币	18	1.41	6.79	8.87	18.840	11.968	1.574	6.252	6.878	4.281	2.739	23.575	19.36	80.64	0.936
	大规格银币	13	29.51	4.67	6.26	36.468	13.507	2.700	12.064	12.882	9.316	5.391	46.101	13.16	86.84	0.860
	中规格金币	77	20.17	41.30	51.50	11.488	6.989	1.644	2.654	6.139	3.284	2.051	20.165	56.60	43.40	1.105
	中规格银币	73	59.67	12.82	16.98	67.651	18.872	3.585	16.383	9.922	5.421	3.462	47.521	10.09	89.91	0.893
	小规格金币	195	12.47	44.77	56.53	14.803	8.543	1.733	4.654	3.536	1.707	1.116	11.509	30.32	69.68	1.052
	小规格银币	64	9.31	4.63	6.57	150.436	34.492	4.361	37.949	12.490	6.284	3.104	65.161	3.42	96.58	0.743
纪念币大类细分	特定主题币	1141	2413.52	446.40	565.39	4.778	2.432	1.965	3.185	2.606	1.747	1.171	11.849	46.98	53.02	1.040
	特定纪念题材币	569	1496.18	185.39	235.70	3.299	1.581	2.087	2.123	1.586	1.029	0.704	8.142	70.36	29.64	1.026

附表 12

2012 年大盘纪念币综合价值指标最优前 20 名金币名单

发行时间（年）	项目名称	规格	公告发行量（枚）	BH 值
1979	国际儿童年金银纪念币	1 盎司金币（加厚）	500	211
1998	1998 年迎春金银纪念币	5 盎司金币	128	145
1993	孙中山先生 "天下为公" 纪念金币	5 盎司金币	99	141
1993	世界文化名人金币纪念币（第 2 组）	5 盎司金币	99	88
1995	徐悲鸿诞辰 100 周年金银纪念币	5 盎司金币	100	80
1994	1994 年观音金银币	3.3 两金币	128	79
1997	中国 "丝绸之路" 金银纪念币（第 3 组）	1/3 盎司金币	10 000	78
1994	中国—新加坡友好金银纪念币	5 盎司金币	128	65
1995	中国古典文学名著三国演义金银纪念币（第 1 组）	5 盎司金币	99	65
1995	中国传统文化金银纪念币（第 1 组）	1 盎司金币（5 枚套）—孟子	1 000	64
1995	中国传统文化金银纪念币（第 1 组）	1 盎司金币——狮子舞	1 000	64
1995	中国传统文化金银纪念币（第 1 组）	1 盎司金币——唐太宗	1 000	64
1995	中国传统文化金银纪念币（第 1 组）	1 盎司金币——六和塔	1 000	64
1995	中国传统文化金银纪念币（第 1 组）	1 盎司金币——京剧艺术	1 000	64
1997	中国近代国画大师齐白石金银纪念币	1 千克金币	25	61
1993	毛泽东诞辰 100 周年金银纪念币	5 盎司金币	100	58
1995	中国古代航海金银纪念币	5 盎司金币	99	53
1983	1984 中国甲子（鼠）年金纪念币	8 克金币	5 000	52
1994	中国—新加坡友好金银纪念币	1 千克金币	15	52
2001	中国石窟艺术（敦煌）金银纪念币	5 盎司金币	288	51

附图、附录、附表

· 105 ·

附表 13　2012 年大盘纪念币综合价值指标最优前 20 名银币名单

发行时间（年）	项目名称	规格	公告发行量（枚）	BH值
1979	国际儿童年金银纪念币	1 盎司银币（加厚）	2 000	713
1979	国际儿童年金银纪念币	1/2 盎司银币（喷砂版）	1 000	502
1993	宋庆龄诞辰 100 周年金银纪念币	30 克银币（坐像）	20 000	326
1995	徐悲鸿诞辰 100 周年金银纪念币	5 盎司银币	300	310
1997	中国近代国画大师齐白石金银纪念币	1 千克银币	188	275
1995	台湾光复回归祖国 50 周年金银纪念币	1 千克银币	100	253
1995	郑成功金银纪念币	12 盎司银币	150	245
1983	马可·波罗金银纪念币	2 盎司银币	7 000	238
1995	中国古典文学名著三国演义金银纪念币（第 1 组）	5 盎司银币	500	206
1995	郑成功金银纪念币	5 盎司银币	250	202
1980	中国奥林匹克委员会金银纪念币	20 克银币（2 枚套）——古代蹴鞠	500	197
1980	中国奥林匹克委员会金银纪念币	20 克银币——古代射艺	500	197
1984	第 23 届奥运会纪念银币	1/2 盎司银币（喷砂版）	1 000	191
1992	中国古代科技发明发现金银铜纪念币（第 1 组）	1 千克银币（5 枚套）——铸铜术	250	183
1992	中国古代科技发明发现金银铜纪念币（第 1 组）	1 千克银币——指南针	250	183
1992	中国古代科技发明发现金银铜纪念币（第 1 组）	1 千克银币——蝴蝶风筝	250	183
1992	中国古代科技发明发现金银铜纪念币（第 1 组）	1 千克银币——地动仪	250	183
1992	中国古代科技发明发现金银铜纪念币（第 1 组）	1 千克银币——航海船	250	183
1994	中国古代名画系列（婴戏图）金银纪念币	5 盎司银币	500	173
1992	中国古代科技发明发现金银铜纪念币（第 1 组）	5 盎司银币	3 000	162

附表 14　　2012 年大盘纪念币综合价值指标最差后 20 名金银币名单

发行时间（年）	项目名称	规格	公告发行量（枚）	BH 值
1987	1987 年版熊猫金银铂纪念币	12 盎司金币	4 000	2.413
1987	1987 年版熊猫金银铂纪念币	1/10 盎司金币	10 000	2.560
1987	1987 年版熊猫金银铂纪念币	1/4 盎司金币	10 000	2.575
1987	1987 年版熊猫金银铂纪念币	1/2 盎司金币	10 000	2.616
1987	1987 年版熊猫金银铂纪念币	1 盎司金币	10 000	2.648
1987	1987 年版熊猫金银铂纪念币	1/20 盎司金币	10 000	2.668
1988	1988 年版熊猫金银铂纪念币	12 盎司金币	3 000	2.683
1986	1986 年版熊猫纪念金币	1/20 盎司金币	10 000	2.704
1986	1986 年版熊猫纪念金币	1/2 盎司金币	10 000	2.717
1986	1986 年版熊猫纪念金币	12 盎司金币	2 550	2.805
1988	1988 年版熊猫金银铂纪念币	1/20 盎司金币	8 000	2.812
1986	1986 年版熊猫纪念金币	1/4 盎司金币	10 000	2.845
1988	1988 年版熊猫金银铂纪念币	1/10 盎司金币	8 000	2.860
1988	1988 年版熊猫金银铂纪念币	1/4 盎司金币	8 000	2.906
1986	1986 年版熊猫纪念金币	1 盎司金币	10 000	2.932
1988	1988 年版熊猫金银铂纪念币	1/2 盎司金币	8 000	2.968
1988	1988 年版熊猫金银铂纪念币	1 盎司金币	8 000	2.984
1986	1986 年版熊猫纪念金币	1/10 盎司金币	10 000	3.049
1987	1987 年版熊猫金银铂纪念币	1 盎司铂币	2 000	3.144
1989	1989 年版熊猫金银铂钯纪念币	1/4 盎司金币	8 000	3.174

第四章附表

附表 15
五种普制熊猫金币挂牌回购价格分析表

品种		盎司 1	盎司 1/2	盎司 1/4	盎司 1/10	盎司 1/20	套装盎司
	换算黄金克重（克）	31.104	15.552	7.776	3.110	1.555	1.90
							59.097
基础价格	即时销售价（元）	8 726.00	4 485.00	2 283.00	1 068.00	563.00	17 125.00
	即时回购价（元）	8 093.00	4 047.00	2 023.00	809.00	405.00	15 377.00
	对应金价（元/克）	260.20	260.20	260.20	260.20	260.20	260.20
售出	溢价幅度（倍）	1.078	1.108	1.128	1.320	1.391	1.114
	升水（%）	7.82	10.83	12.84	31.96	39.13	11.37
回购	溢价幅度（倍）	1.000	1.000	1.000	1.000	1.001	1.000
	升水（%）	0.00	0.01	-0.01	-0.04	0.08	0.00
国内买卖差价率（%）		7.82	10.82	12.85	32.00	39.05	11.37
香港宝生银行买卖熊猫金币差价率（%）		0.63	0.76	1.51	3.78	7.57	1.13
香港宝生银行买卖枫叶金币差价率（%）		0.47	0.95	1.89	4.73	9.46	1.24
香港恒生银行买卖鸿运金币差价率（%）		0.47	0.95	1.89	4.73		
"中金金条"按与国内熊猫金币相同金价计算的（卖出加10元，买入减2元，差价合计12元）买卖差价率（%）					4.61		
上海卢工市场熊猫金币成交情况	当天成交价（元）	8 580.00	4 280.00	2 280.00	940.00	540.00	16 520.00
	高出回购价幅度（%）	6.02	5.76	12.70	16.19	33.33	7.43

说明：五种熊猫普制金币价格为2013年9月17日公布的即时买卖买价。市场价格为同日当天市场回购的价格。

附表 16

中国现代贵金属币 2013 年拍卖情况调查统计汇总表

拍卖公司	上拍总数量（枚或套）	成交数量（枚或套）	成交率（%）	成交价总额（人民币元）
赵涌在线	48 480	47 663	98.31	198 389 126
其他拍卖公司	3 170	2 114	66.69	40 357 768
北京东西方	741	411	55.47	22 247 390
上海泓盛	758	524	70.45	9 170 192
上海东方	161	84	52.17	7 837 258
北京诚轩	48	29	60.42	401 694
合计	53 358	50 825	95.25	278 403 428
其中：网络拍卖总数	49 806	48 743	97.87	223 396 717
占全年拍卖总量份额（%）	93.34	95.90		80.24
其中：国内拍卖总数	51 712	49 582	95.88	246 744 289
占全年拍卖总量份额（%）	96.92	97.55		88.63

备注：其他拍卖公司包括美国 ST. B、日本泰兴、香港冠军、北京易金、北京嘉德、北京保利、北京大晋、香港鼎峰、北京鼎鑫。

第六章 附表

附表 17　2014 年与 2013 年公告计划发行量对比分析表

	数量（万枚）			重量（万盎司）		
	2013 年数据	2014 年数据	变化幅度（%）	2013 年数据	2014 年数据	变化幅度（%）
总数	1 325.12	1 341.82	1.26	1 285.46	1 266.96	-1.44
投资币总数	1 140.00	1 180.00	3.51	917.00	957.00	4.36
投资金币	340.00	380.00	11.76	117.00	157.00	34.19
投资银币	800.00	800.00	0.00	800.00	800.00	0.00
纪念币总数	185.12	161.82	-12.59	368.46	309.96	-15.88
纪念金币	52.02	42.42	-18.45	22.49	18.21	-19.02
纪念银币	133.10	119.40	-10.29	345.97	291.75	-15.67
事件类纪念币总数	31.50	20.60	-34.60	25.38	17.53	-30.94
事件类纪念金币	8.50	4.10	-51.76	2.38	1.03	-56.84
事件类纪念银币	23.00	16.50	-28.26	23.00	16.50	-28.26
文化类纪念币总数	153.62	141.22	-8.07	343.08	292.43	-14.76
文化类纪念金币	43.52	38.32	-11.95	20.12	17.19	-14.56
文化类纪念银币	110.10	102.90	-6.54	322.97	275.25	-14.78
大规格纪念币总数	5.22	4.41	-15.51	168.78	142.74	-15.43
大规格纪念金币	0.12	0.11	-8.09	4.82	4.49	-6.68
大规格纪念银币	5.10	4.30	-15.69	163.97	138.25	-15.69
中规格纪念币总数	12.60	12.50	-0.79	63.00	61.50	-2.38
中规格纪念金币	1.60	1.40	-12.50	8.00	6.00	-25.00
中规格纪念银币	11.00	11.10	0.91	55.00	55.50	0.91
小规格纪念币总数	167.30	144.90	-13.39	136.68	105.08	-23.12
小规格纪念金币	50.30	40.90	-18.69	9.68	7.08	-26.87
小规格纪念银币	117.00	104.00	-11.11	127.00	98.00	-22.83

参考文献

［1］中国人民银行贵金属纪念币发行公告（各年各期）.

［2］中国金币总公司. 中华人民共和国贵金属纪念币图录［M］. 成都：西南财经大学出版社，2006—2012 各年版.

［3］国家统计局统计公报（2014）.

［4］上海黄金交易所网站金银报价（www. sge. sh）.

［5］中国金币网零售价报价（www. chngc. net）.

［6］国家外汇管理局网站外汇报价（www. safe. gov. cn）.

［7］中国黄金协会网站. 黄金消费年度统计数据（www. cngold. org. cn）.

［8］汤森路透 GFMS 黄金年鉴（2013）.

［9］赵涌在线、北京东西方、北京嘉德、北京诚轩、北京保利、上海弘盛、上海东方、日本泰兴、香港冠军、美国 STACKS、北京易金、北京大晋、香港鼎峰、北京鼎鑫等拍卖公司的拍卖成交价公告。

［10］葛祖康. 中国现代贵金属币图谱［M］. 北京：中国金融出版社，2011.

［11］赵燕生. 中国现代贵金属币市场分析［M］. 成都：西南财经大学出版社，2012.

［12］赵燕生. 中国现代贵金属币市场分析报告（2012 年）［M］. 成都：西南财经大学出版社，2013.

［13］赵燕生. 如何看待金银币品相与价格的关系［J］. 中国收藏：钱币专刊，2013（30）.

［14］文化部文化市场司. 中国艺术品市场年度报告（2012）［M］. 北京：人民美术出版社，2013.

［15］数字 100 市场研究公司. 中国人钱币收藏情况调查［J］. 金融博览·财富，2013（3）.

［16］单微. 统计学［M］. 北京：中国统计出版社，2012.